MANUAL DE PSICOPATOLOGIA DESCRITIVA E SEMIOLOGIA PSIQUIÁTRICA

MANUAL DE PSICOPATOLOGIA DESCRITIVA E SEMIOLOGIA PSIQUIÁTRICA

Leonardo F. Fontenelle

Professor Adjunto do Departamento de Psiquiatria e Medicina Legal da Universidade Federal do Rio de Janeiro

Diretor do Programa de Ansiedade, Obsessões e Compulsões (Instituto de Psiquiatria) da Universidade Federal do Rio de Janeiro

Professor Adjunto do Departamento de Psiquiatria e Saúde Mental (Instituto de Saúde Coletiva) da Universidade Federal Fluminense

Pesquisador-Associado do Instituto D'Or de Ensino e Pesquisa (IDOR), RJ

Professor Visitante do Monash Institute of Cognitive and Clinical Neurosciences (School of Psychological Sciences) da Monash University, Austrália

Mauro V. Mendlowicz

Professor-Associado do Departamento de Psiquiatria e Saúde Mental (Instituto de Saúde Coletiva) da Universidade Federal Fluminense

REVINTER

Manual de Psicopatologia Descritiva e Semiologia Psiquiátrica
Copyright © 2017 by Livraria e Editora Revinter Ltda.

ISBN 978-85-372-0711-6

Todos os direitos reservados.
É expressamente proibida a reprodução
deste livro, no seu todo ou em parte,
por quaisquer meios, sem o consentimento,
por escrito, da Editora.

Contato com o autor:
LEONARDO F. FONTENELLE
lfontenelle@gmail.com

Iustração da capa:
Tentação de Santo Antônio – Joos van Craesbeeck (1605/06-1660)

CIP-BRASIL. CATALOGAÇÃO NA PUBLICAÇÃO
SINDICATO NACIONAL DOS EDITORES DE LIVROS, RJ

F759m

    Fontenelle, Leonardo F.
    Manual de psicopatologia descritiva e semiologia psiquiátrica/Leonardo F.
Fontenelle, Mauro V. Mendlowicz. – 1. ed. – Rio de Janeiro: Revinter, 2017.
    il.

    Inclui bibliografia e índice

    ISBN 978-85-372-0711-6

    1. Neuropsiquiatria. I. Mendlowicz, Mauro V. II. Título

16-36769
                              CDD: 616.8
                              CDU: 616.8

A precisão das indicações, as reações adversas e as relações de dosagem para as
drogas citadas nesta obra podem sofrer alterações.
Solicitamos que o leitor reveja a farmacologia dos medicamentos aqui mencio-
nados.
A responsabilidade civil e criminal, perante terceiros e perante a Editora Revinter,
sobre o conteúdo total desta obra, incluindo as ilustrações e autorizações/créditos
correspondentes, é do(s) autor(es) da mesma.

Livraria e Editora REVINTER Ltda.
Rua do Matoso, 170 – Tijuca
20270-135 – Rio de Janeiro – RJ
Tel.: (21) 2563-9700 – Fax: (21) 2563-9701
livraria@revinter.com.br – www.revinter.com.br

Dedicamos este livro a nossos pais,
Edson e Guiomar (LF), e
Herman (*in memoriam*) e Bluma (MVM)

Agradecimentos

Agradecemos a nossas esposas, Isabela (LF) e Sônia (MVM), e a nossas filhas, Olívia e Amanda (LF), e Victoria (MVM), todo o apoio e compreensão que recebemos durante a consecução deste projeto e nos comprometemos a devolver em dobro o tempo de convívio familiar que ele sacrificou.

Apresentação

Fico muito feliz em apresentar um livro de psicopatologia descritiva, ciência que tanto cultuo e é a base de minha vida profissional. Em especial este livro escrito por Fontenelle e Mendlowicz, psiquiatras e pesquisadores de reconhecido saber clínico e científico. A importância deste trabalho reside principalmente na evidência de que o pilar da psicopatologia descritiva é único e insubstituível, mesmo neste século XXI, onde a Medicina está cada vez mais debruçada em inúmeros, exagerados e, muitas vezes, desnecessários exames complementares. O exame do estado mental é a base do diagnóstico e da clínica psiquiátrica.

O termo "psicopatologia" foi usado pela primeira vez em psiquiatria em 1878 como sinônimo de "psiquiatria" por Hermann Emminghaus, o antecessor de Emil Kraepelin, no Departamento de Psiquiatria da Universidade de Tartu, hoje na Estônia. O termo reapareceu em 1904 no título de Psicopatologia da Vida Cotidiana de Sigmund Freud, antes de ser adotado por Karl Jaspers em sua obra seminal *Allgemeine Psychopathologie*, publicada em 1913. Para Jaspers, "a psiquiatria é uma prática clínica", enquanto que "a psicopatologia é uma ciência", com o propósito explícito de gerar novos conhecimentos e "reconhecer, descrever e analisar os princípios gerais em vez de indivíduos". É tarefa do "psicopatologista", do "cientista" desembaraçar, se necessário até mesmo pela redução ou restrição desse material complexo; dividi-lo em distintos conceitos claramente definidos, ou seja, sinais e sintomas, que podem ser comunicados e utilizados na formulação de "leis e princípios", relevantes para "realidades psíquicas patológicas", e na demonstração de "relações" entre " doença mental "e" sintomas psicopatológicos ". Todos estes princípios de Jaspers foram valorizados por Fontenelle e Mendlowicz, complementados pelos breves capítulos de diagnóstico sindrômico e diagnóstico nosológico.

Os autores nos presenteiam com um livro de psicopatologia descritiva que é um prazer à leitura. A satisfação de encontrar em uma só obra o que há de melhor e clássico na descrição dos sintomas em psicopatologia associado a uma atualização brilhante nos faz rever conceitos e instiga-nos cada vez mais aos exames de nossos pacientes. O livro prima pela clareza e didática, tornando-se uma recomendação para todos que querem conhecer ou capacitar-se nos princípios básicos de psicopatologia descritiva.

Tenho certeza que todos os leitores terão o prazer do aprendizado e da revisão de conceitos. Boa leitura.

Antonio Egidio Nardi
Professor Titular de Psiquiatria
Universidade Federal do Rio de Janeiro
Membro da Academia Nacional de Medicina

Prefácio

Filhas da Medicina, a Psiquiatria e a Neurologia são disciplinas irmãs que nasceram em épocas diferentes. Uma, derivada do alienismo francês; e a outra, da Medicina Clínica. Passaram por um relacionamento incestuoso breve, acusaram-se de ciência sem cérebro e mitologia cerebral e seguiram separadas por boa parte do século XX. A Psiquiatria e a Neurologia têm ensaiado uma reaproximação nos últimos 20 anos. Lamentavelmente, esta reunião tem sido acompanhada por uma desvalorização paradoxal do exame clínico. O objetivo é maximizar fidedignidade, ainda que isto signifique sacrificar a validade diagnóstica.

Na tentativa de simplificar o diagnóstico psiquiátrico e torná-lo acessível ao leigo, sinais e sintomas, síndromes e doenças têm sido impiedosamente forçados a ocupar um mesmo patamar diagnóstico. Este movimento, inicialmente empreendido pela Psiquiatria norte-americana, tem contaminado a ciência psiquiátrica em outras partes do mundo. Este livro, escrito por dois psiquiatras, nasceu da busca por uma disciplina quase perdida, a semiologia dos neuropsiquiatras clínicos, a psicopatologia, que se alia à neurologia cognitiva e do comportamento. No entanto, as expectativas devem ser realistas; afinal, trata-se de um manual limitado em espaço.

Embora o interesse por psicopatologia descritiva e semiologia neuropsiquiátrica dos autores não seja novo, a fagulha que deu início à elaboração deste manual foi dada por um convite de uma colega para escrever um capítulo de livro.[1] O desafio foi tão complexo que não pôde ser concluído naquelas poucas páginas. Escrever este livro foi um exercício de humildade diante dos clássicos nacionais e internacionais, cujos conceitos tivemos a audácia de resumir e, quando fosse o caso, atualizar.

---

[1] Franklin da Costa Fontenelle L, Leal JR. Avaliação Psiquiátrica. In: Barbosa IG, Fábregas BC, de Oliveira GNM, Teixeira AL, eds. Psicossomática – Psiquiatria e suas Conexões. Rio de Janeiro: Editora Rubio; 2014:11-28.

Prefácio

Com tantas obras brasileiras de qualidade, esta tarefa só poderia ser conduzida com muito respeito e responsabilidade. Até que ponto tivemos sucesso nesta empreitada, somente o leitor poderá julgar.

Sumário

1 INTRODUÇÃO 1

2 EXAME DO ESTADO MENTAL 7

3 FUNÇÕES MENTAIS ESPECÍFICAS, SEUS SINAIS E
SINTOMAS 11
Aparência 11
Comunicação não verbal 17
Comunicação verbal (fala) 23
Consciência 25
Atenção 29
Orientação 32
Consciência do eu 35
Inteligência 41
Memória 44
Pensamento 50
Linguagem 60
Sensopercepção 64
Imaginação 78
Necessidades 79
Afetividade 82
Psicomotricidade 86

4 DIAGNÓSTICO SINDRÔMICO 93
Delirium 94
Demências 94
Síndrome amnéstica 94
Síndromes delirante-alucinatórias 94
Síndromes hebefrênicas 95
Síndromes catatônicas 95
Síndromes apato-abúlicas 95

xiii

xiv Sumário

Síndromes maníacas. 95
Síndromes depressivas 96
Síndromes ansiosas. 96
Síndromes obsessivo-compulsivas 96
Síndromes dissociativo-conversivas 96
Síndromes hipocondríacas (p. ex., de Cotard) 97
Síndromes alimentares (p. ex., bulimia ou anorexia nervosa). . 97
Síndromes hiperestésico-emocional (p. ex., Burnout) 97

5 DIAGNÓSTICO NOSOLÓGICO 99

6 COMENTÁRIOS FINAIS 103

REFERÊNCIAS 105

ÍNDICE REMISSIVO 119

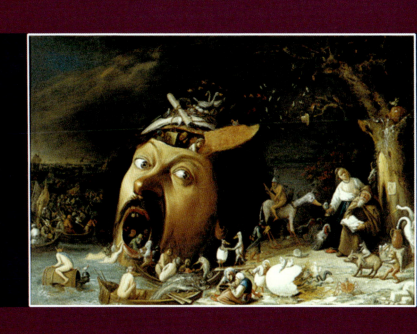

MANUAL DE PSICOPATOLOGIA DESCRITIVA E SEMIOLOGIA PSIQUIÁTRICA

1

Introdução

A psicopatologia é o estudo sistemático da experiência, da cognição e do comportamento anormais.[1] Ela inclui a psicopatologia explicativa, que fornece explicações para tais acontecimentos com base em diferentes modelos teóricos (como as psicopatologias cognitiva, comportamental e psicanalítica), e a psicopatologia descritiva, que se ocupa da descrição precisa dos componentes subjetivos e objetivos dos eventos psicológicos anormais.[1] Ao estudo da experiência subjetiva, desprovido de tentativas de explicações sobre suas causas ou funções, chamamos de fenomenologia. Este livro discute a psicopatologia descritiva dos transtornos mentais tanto em sua vertente fenomenológica quanto no que diz respeito à descrição objetiva de comportamentos anormais.

Uma das tarefas mais difíceis em psicopatologia é delimitar o conceito de anormal ou patológico. Na verdade, não parece existir uma definição simples e única, mas uma diversidade de conceitos aplicáveis a diferentes condições.[2] Eles incluem critérios subjetivos (*i.e.*, a consciência do mal-estar, do sofrimento e do impedimento, como na depressão), estatísticos (*i.e.*, a infrequência de determinada característica na população em geral, como no retardo mental), normativos (*i.e.*, com base em uma comparação com certo modelo, como nos transtornos de personalidade), adaptativos (*i.e.*, fundamentados na incapacidade de o indivíduo se adaptar a uma situação, no transtorno de ajustamento) e "positivos" (baseados no aparecimento de estruturas psicopatológicas novas, como delírios e alucinações na esquizofrenia).[2] No entanto, talvez o critério mais essencial e universal para caracterização de determinado fenômeno como psicopatológico seja a privação da liberdade que ele determina no indivíduo que dele padece.[3]

Definido o escopo da psicopatologia descritiva, cabe agora descrever como ela se aplica à avaliação psiquiátrica e ao exame do estado men-

2 Introdução

tal. Grande parte dos autores descreve como componentes iniciais da avaliação psiquiátrica a identificação do paciente, o registro de sua queixa principal e a coleta da história da doença atual. No entanto, o exame do estado mental pode começar muito antes do início formal da entrevista em um consultório ou enfermaria.[4] Por exemplo, o médico pode ser avisado por sua secretária que um novo paciente ligou e "queria marcar uma consulta para ontem". De certa forma, isto denota, ainda que indiretamente, o estado de humor de um indivíduo com quem o médico ainda nem teve oportunidade de se encontrar. De maneira semelhante, ainda que determinado paciente tenha permanecido em silêncio absoluto, sem emitir sequer uma palavra durante a sua entrevista, sua aparência e negativismo são elementos que contribuem, significativamente, para o estabelecimento de um diagnóstico. Por fim, alguns pacientes negativistas se tornam subitamente cooperantes ao fim de uma avaliação (*i.e.*, nas reações catatônicas de último momento). Portanto, a avaliação da atitude do paciente em relação ao examinador pode-se iniciar antes do primeiro encontro entre eles, perpassar toda a entrevista diagnóstica e prosseguir até mesmo depois de sua finalização.[4]

A parte mais importante da avaliação psiquiátrica é o diálogo entre o médico e o paciente a respeito de suas queixas, suas relações com as outras pessoas, seu modo de viver e sua biografia.[5] A vertente artística do exame do estado mental reside na transformação de um jogo "seco" de perguntas e respostas em um encontro humano, que mobiliza internamente médico e paciente.[5] No entanto, nem sempre a avaliação flui tão bem. Por exemplo, em algumas situações nenhuma *queixa principal* é formulada pelo paciente. Pacientes agressivos, ou mesmo anosognósicos (ou seja, incapazes de se perceber doentes), podem ser trazidos aos cuidados médicos por familiares, transeuntes, bombeiros e até pela polícia. Neste caso teremos apenas um motivo da consulta e, às vezes, uma queixa, só que proveniente de terceiros.[4]

Uma das principais diferenças entre um psiquiatra tecnicamente qualificado e um amador é a habilidade de colher uma boa história clínica.[6] Entretanto, o examinador também deve saber ajustar o ritmo de sua entrevista a um tempo razoável, focando em aspectos principais da história, sob o risco de se perder em "romances individuais" fornecidos por pacientes mais detalhistas.[7] A família ou pessoas do círculo de amizades do paciente são fontes de informações importantes para a história clíni-

Introdução 3

ca, embora frequentemente enviesadas demais para contribuir com o exame do estado mental.[8,9] Por exemplo, a família pode maximizar ou minimizar a gravidade de muitos sintomas.[9] No entanto, é importante admitir que, em Psiquiatria, a "estória" da doença contada pelo paciente habitualmente informa o exame: enquanto o paciente fala sobre si, o psiquiatra tem acesso ao que ele sente, percebe, intui e pensa.[10]

Na história da doença atual, conhecida de todas as especialidades médicas, devem ser investigados e registrados os pródromos (sinais e sintomas difusos que antecedem uma doença); a idade e o modo de instalação do quadro (abrupto ou insidioso); a existência ou não de precipitantes (p. ex., eventos de vida significativos); a duração dos sinais e sintomas (aguda ou crônica) e o padrão de evolução, seja na forma de eventos isolados ou na forma de eventos periódicos (*i.e.*, em episódios de instalação e recuperação rápidas, fases de instalação e recuperação lentas e surtos com instalação rápida e recuperação ausente). É também importante investigar o modo de finalização dos fenômenos, sejam eles estacionários, regressivos, progressivos ou recorrentes.[2] Estas informações frequentemente são úteis para estabelecer o modo de adoecimento psíquico (um referencial clássico, porém pouco utilizado atualmente) e o repertório dos diagnósticos possíveis (Quadro 1-1).

Em linhas gerais, quadros de idade de início precoce, instalação insidiosa na ausência de eventos precipitantes e duração prolongada apresentam prognóstico ruim (p. ex., esquizofrenia desorganizada ou hebefrênica). Em contrapartida, quadros de início tardio, instalação aguda ou subaguda, na presença de eventos precipitantes, e duração curta apresentam prognóstico favorável (p. ex., transtorno depressivo maior após o falecimento de um ente querido). O estabelecimento de um prognóstico (história natural e resposta ao tratamento) é uma tarefa difícil que inclui aspectos biológicos, psicológicos e sociais. Um desafio constante em estudos atuais é a identificação de biomarcadores (sejam eles genéticos, bioquímicos ou cerebrais) capazes de prever a resposta que grupos de pacientes apresentarão aos tratamentos instituídos.[11,12]

A história patológica pregressa é importante não apenas pela frequência com que transtornos médicos e psiquiátricos se associam, mas também porque eles podem seguir uma sequência de aparecimento bem estabelecida.[13] A história fisiológica inclui, por exemplo, marcos do neurodesenvolvimento (atrasados no retardo mental), a menarca (tardia em

Quadro 1-1. Diferentes modos de adoecimento psíquico com base na doutrina de Karl Jaspers

Modo de adoecer	Fatores precipitantes	Compreensibilidade	Instalação	Curso	Finalização	Evolução	Ilustração	Exemplos de nosologias mais frequentemente associadas
Reação	Sim	Fenômeno compreensível tanto do ponto de vista "estático" (transversal) quanto "genético" (longitudinal)	Abrupta ou insidiosa	Agudo ou crônico	Regressiva ou recorrente	Episódio ou fase		Transtornos depressivos, transtorno do estresse pós-traumático, outros transtornos de ansidade ("neuróticos") etc.
Desenvol-vimento	Sim	Fenômeno compreensível, especialmente do ponto de vista "genético" (longitudinal)	+ Insidioso	Crônico	Progressiva	"Brote" (ou surto) potencialmente reversível		Transtorno delirante no transtorno de personalidade paranoide etc.
Processo	Não	Fenômeno incompreensível	Abrupta ou insidiosa	Crônico	Progressiva	"Brote" (ou surto) irreversível		Esquizofrenia, doença de Alzheimer, demência frontotemporal etc.

Introdução 5

pacientes com anorexia nervosa) e a história de gravidez (precoce no transtorno de personalidade antissocial). A história pessoal deve abordar o uso abusivo de drogas lícitas ou ilícitas. Um funcionamento social ruim é característica intrínseca dos transtornos mentais, embora situações sociais desfavoráveis possam também determinar maior risco para o desenvolvimento destas condições.[14] A história familiar dos transtornos psiquiátricos é tema demasiadamente amplo para ser comentado neste livro, mas é importante mencionar que casos esporádicos destas condições (*i.e.*, sem história familiar) não são infrequentes.[15]

2
Exame do Estado Mental

Embora não seja possível palpar, percutir e auscultar diretamente os fenômenos mentais, o psiquiatra lança "mão" da observação do comportamento e da avaliação empática da experiência subjetiva, como instrumentos básicos[1] para identificar os sinais e sintomas relevantes ao diagnóstico psiquiátrico. A observação do comportamento permite conhecer o indivíduo "de fora para dentro" e explicar, no sentido "estático", seus sinais e sintomas em certo momento. Os fenômenos apresentados pelos pacientes são também considerados explicáveis, no sentido "genético"*, quando suas etiologias são claramente identificáveis. Por exemplo, uma marcha hemiparética em um paciente com um quadro depressivo pode ser explicada pela identificação de uma lesão localizada no hemisfério contralateral à sua paresia.

Porém, a avaliação empática permite ao examinador compreender diferentes sinais e sintomas, *i.e.*, conhecer o indivíduo "de dentro para fora", tanto em um momento específico (compreensão estática) quanto ao longo do tempo (compreensão genética). Em ambos os casos, o examinador tenta recriar ou reconstruir para si a experiência subjetiva do paciente através da capacidade que tem de se colocar no lugar do outro. A explicação e a compreensão são partes fundamentais da investigação psiquiátrica. Um mesmo juízo (p. ex., a crença de que alguém é milionário) pode ser compreensível estaticamente em um indivíduo em um estado de alegria desmesurada (p. ex., mania), ou, geneticamente, em um ganhador da loteria. No entanto, ele é provavelmente incompreensível em um morador de rua com uma grave síndrome apato-abúlica (p. ex., esquizofrenia).

---

*Antecedentes ou causas dos eventos psicopatológicos e não aquilo que se refere unicamente a genes, variações genéticas e hereditariedade dos organismos vivos.

8 Exame do Estado Mental

A incompreensibilidade é um fenômeno tipicamente esquizofrênico. Em outras palavras, os sinais e os sintomas de um paciente com esquizofrenia são primários e não rastreáveis a partir de uma outra experiência psicológica (como estados afetivos, sobrecargas emocionais, experiências desagradáveis, ressentimentos ou decepções).[16] Costuma-se admitir que, na vida pregressa ao aparecimento do delírio, já despontam elementos que serão transformados no tema do delírio. Embora seja possível compreender o conteúdo ou tema de um delírio esquizofrênico, não é possível compreender porque o paciente crê em algo evidentemente falso. Portanto, a capacidade de compreender fenômenos em Psicopatologia é um instrumento muito importante para o diagnóstico diferencial psiquiátrico.

No registro de um exame do estado mental (ou exame psíquico), o entrevistador pode e deve utilizar "aspas" à vontade, empregando as próprias palavras dos pacientes para documentar seus sinais e sintomas. Isto permite que outros profissionais possam concordar ou não com a existência e a categorização dos fenômenos de forma independente.[4] No entanto, na súmula psicopatológica, o psiquiatra sintetiza os eventos observados no exame do estado mental, utilizando para isso termos técnicos. A "súmula" costuma incluir os seguintes itens: (i) aparência, (ii) comunicação não verbal, (iii) fala, (iv) consciência, (v) atenção, (vi) orientação, (vii) consciência do eu, (viii) inteligência, (ix) memória, (x) pensamento, (xi) linguagem, (xii) sensopercepção, (xiii) imaginação, (xiv) necessidades, (xv) afetividade e (xvi) psicomotricidade (incluindo vontade). Outras funções, como pragmatismo e consciência de morbidade, são estudadas separadamente por alguns autores, mas, por uma questão de espaço, serão aqui incluídas como elementos das funções relacionadas anteriormente.

Sabemos que as funções psíquicas são interligadas, de forma que as divisões entre elas são, em grande parte, artificiais. Por exemplo, um mesmo fenômeno (p. ex., queixas de infestação parasitária) pode ser considerado dois sintomas diferentes (p. ex., delírio somático ou alucinação cenestésica).[4] No entanto, levando-se em consideração que comprometimentos de determinadas funções podem induzir uma disfunção secundária em muitas outras, opta-se por seguir no exame psiquiátrico uma sequência de passos preestabelecida.[17] Por esta razão, a avaliação da consciência antece-

Exame do Estado Mental

de o estudo das demais funções, já que suas alterações podem resultar, secundariamente, em sinais e sintomas em qualquer outra área.[4] Em seguida, é conveniente avaliar a inteligência e a memória que, quando prejudicadas, justificam alterações no pensamento.[4] Do mesmo modo, distúrbios primários do pensamento podem levar a alterações na afetividade que, por sua vez, podem resultar em sinais e sintomas no âmbito da psicomotricidade. Deve-se ressaltar que, apesar de ser clinicamente útil, esta abordagem hierarquizada de sinais e sintomas não se reflete nos sistemas classificatórios atuais (p. ex., DSMs e CIDs), pois fenômenos secundários ou "acessórios" podem não apenas ser responsáveis por grave incapacidade, mas também passíveis de tratamentos efetivos.

3

Funções Mentais Específicas, Seus Sinais e Sintomas

APARÊNCIA

Embora a aparência não corresponda a uma função mental *strictu sensu*, a tradição e a semiologia nos fazem tratá-la como tal. A avaliação da aparência, através da ectoscopia, é parte fundamental de qualquer investigação médica. Infelizmente, tem sido dada pouca ênfase ao seu estudo em Psiquiatria. Em pacientes pouco cooperativos, a aparência pode ser uma das poucas fontes de informações acessíveis ao psiquiatra. Embora a aparência não permita conclusões definitivas por si só, possui grande valor diagnóstico quando combinada a outros elementos do exame do estado mental. Na Psiquiatria, são especialmente relevantes as avaliações do biótipo, da cabeça, dos olhos, da pele e dos fâneros, da higiene corporal e do vestuário.

Biótipo

O estudo da constituição ou dos biótipos em Psiquiatria foi impulsionado por Ernst Kretschmer, psiquiatra alemão que observou uma elevada frequência de tipos leptossômicos (longilíneos) e atléticos em pacientes com esquizofrenia e de tipos pícnicos (brevilíneos) entre indivíduos com "psicose maníaco-depressiva". Alguns clínicos chegaram a supor que quadros esquizofrênicos de "evolução catastrófica", que levavam à demência em 2 a 3 anos ("esquizocarias"), eram mais comuns em leptossômicos.[18] Os achados de Kretschmer foram alvos de críticas consideráveis ao longo do tempo: ele teria se baseado em avaliações demasiadamente subjetivas e não teria excluído os efeitos confundidores da idade e do estado nutricional na caracterização dos biótipos de seus pacientes.[19] Atualmente, no entanto, tem havido um ressurgimento do interesse na área.[20]

Morfologia craniofacial

Mais recentemente, diferentes grupos de pesquisa têm-se dedicado ao estudo das alterações da morfologia craniofacial em pacientes com transtornos mentais graves, como a esquizofrenia[21-23] e o transtorno bipolar (Figs. 3-1 e 3-2).[24] Em um estudo foram observadas diferenças significativas na aparência facial dos dois grupos em relação a controles saudáveis, incluindo alargamento facial, aumento da largura do nariz, estreitamento da boca e deslocamento do queixo para cima.[24] Por outro lado, quando os dois grupos foram comparados entre si, observou-se que os pacientes com transtorno bipolar apresentavam, caracteristicamente, mandíbulas mais largas, associadas ao deslocamento das bochechas para dentro e do queixo para frente, enquanto os pacientes com esquizofrenia mostravam mandíbulas mais estreitas e deslocamento das bochechas para fora e do queixo para trás.[24] Embora estes achados possam nos remeter a equívocos históricos[25] e não tenham uma utilidade diagnóstica bem definida, as pequenas diferenças encontradas entre os dois grupos diagnósticos podem indicar a existência de um

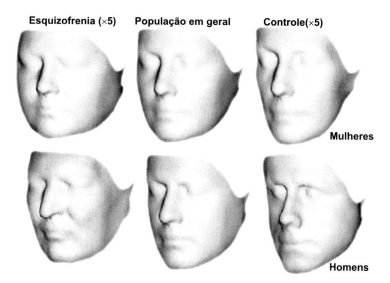

Figura 3-1. Aspectos faciais de pacientes com esquizofrenia em comparação à população em geral e controles saudáveis. Mulheres são relatadas acima e homens são retratados abaixo. Reprodução autorizada de Hennessy RJ, Baldwin PA, Browne DJ, Kinsella A, Waddington JL.[21]

Funções Mentais Específicas, Seus Sinais e Sintomas 13

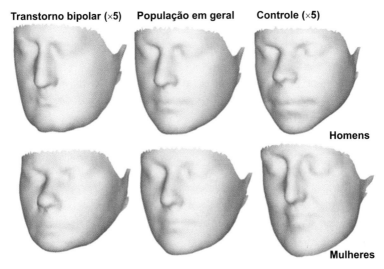

Figura 3-2. Aspectos faciais de pacientes com transtorno bipolar em comparação à população em geral e controles saudáveis. Homens são relatadas acima e mulheres são retratados abaixo. Reprodução autorizada de Hennessy RJ, Baldwin PA, Browne DJ, Kinsella A, Waddington JL.[24]

mesmo fator nocivo, acometendo os indivíduos em períodos diferentes da morfogênese.[24]

Pequenas anormalias físicas

Pequenas anomalias físicas (*minor physical signs*) são sinais sutis que indicam problemas do desenvolvimento e são associadas a pouca ou nenhuma consequência funcional ou cosmética.[26] Manifestam-se principalmente na região craniofacial e nos membros e incluem alterações qualitativas (como sobrancelhas confluentes, região occipital plana, hipertelorismo, implantação baixa de orelhas, anormalidades palatais, língua geográfica e quinto dígito curvo) e quantitativas (como alongamento da região facial inferior e redução da circunferência da cabeça e da largura da boca).[26] Estas anomalias físicas foram observadas com maior frequência na esquizofrenia do que nos transtornos do humor e em familiares de primeiro grau de pacientes com esquizofrenia do que em controles saudáveis.[27] No entanto, foram também descritas na síndrome alcoólica fetal, na síndrome velocardiofacial e em pacientes pediátricos com câncer, entre outras condições.[26] Os estudos suge-

14 Funções Mentais Específicas, Seus Sinais e Sintomas

rem não haver qualquer região específica do corpo onde tais anormalidades tendam a predominar.[28]

Cabeça

Em pacientes que se apresentam ao psiquiatra com rebaixamento do nível de consciência (*i.e.*, em *delirium*), o exame cuidadoso da cabeça e do escalpo em busca de sinais de trauma recente pode fazer grande diferença ao permitir um encaminhamento precoce e adequado. São indicativos de traumatismo cranioencefálico: lacerações e contusões no escalpo, hematomas retroauriculares (sinal de Battle) ou periorbitários (olhos de guaxinim), otorreia e rinorreia.[29] O exame da boca pode permitir a identificação de erosões dentárias e alargamento das parótidas, achados associados a comportamentos purgativos e frequentemente observados em pacientes com bulimia nervosa.[30]

Olhos

O exame dos olhos, incluindo sua cor, o tamanho e a reatividade das pupilas, o cristalino e a íris, pode ser informativo durante a avaliação do paciente com transtornos mentais. Por exemplo, a deficiência de vitamina B12, condição sabidamente associada à demência e à depressão, é mais frequentemente observada em pessoas de olhos azuis.[31] A catarata é a ofuscação do cristalino ou de sua cápsula. Sua importância para a Psiquiatria se dá por sua associação com o uso prolongado de antipsicóticos (fenotiazínicos e atípicos)[32] e ao desenvolvimento de alucinações visuais no contexto da síndrome de Charles-Bonnet. O chamado anel de Kayser-Fleisher circunda a íris e possui coloração marrom, dourada, vermelha, verde ou amarela. Está associado à doença de Wilson, uma condição autossômica recessiva acompanhada por deposição de cobre nos tecidos.

O Anel de Kayser-Fleisher é observado em 60 a 70% dos pacientes com a forma hepática da doença e em mais de 95% dos indivíduos com sua forma neuropsiquiátrica.[33] Por outro lado, as pupilas podem apresentar-se diminuídas (mióticas) ou aumentadas (midriáticas) em intoxicações exógenas por opioides ou anticolinérgicos, respectivamente.[29] A pupila de Argyll-Robertson, que não responde à luz, mas se contrai com a acomodação ou convergência, é amiúde citada como sinal patognomônico de neurossífilis. No entanto, é menos frequente do que outras alterações pupilares, ocorrendo em apenas 26% dos casos, e pode estar presente também na diabetes.[34] A presença de *hippus*, flutuações no tamanho da pupila sob iluminação constante, e a ausência de midríase em resposta à dor (sinal de Bumke) podem ser observadas em pacientes com esquizofrenia.[35,36]

Pele e fâneros

O exame da pele e fâneros pode identificar uma pele sudoreica (no chamado "peru frio" ou *cold turkey*, quadro secundário à abstinência de opioides ou benzodiazepínicos), quente (na intoxicação por anticolinérgicos), avermelhada (no alcoolismo e na intoxicação por anticolinérgicos), ictérica (nas hepatites por drogas) e com acne (em indivíduos que usam lítio), abscessos em membros superiores (em pacientes que abusam de drogas endovenosas) e dermatites por fotossensibilidade (em usuários de antipsicóticos ou em vítimas de pelagra). Pode ser observada, também, uma série de lesões cutâneas autoprovocadas, como cicatrizes nos punhos (no transtorno de personalidade *borderline*), alopecia (na tricotilomania) e escoriações (no *skin picking* ou transtorno escoriativo).

O exame da pele em pacientes com transtornos alimentares pode identificar uma pele alaranjada em decorrência da ingestão exagerada de alimentos ricos em caroteno e lanugo na anorexia nervosa. Vômitos autoinduzidos na bulimia nervosa podem resultar em púrpuras faciais (pela manobra de Valsalva) e no sinal de Russel (*i.e.*, escoriações, lacerações e calosidades no dorso da mão que recobrem as articulações metacarpofalangianas, e interfalangianas, causadas por contatos repetidos dos dentes incisivos com a pele da mão).[37] Pele seca, cabelos e unhas quebradiços e edema pré-tibial são encontradas no hipotireoidismo, condição frequentemente presente na anorexia nervosa. Pacientes com deficiência de vitamina B12 podem apresentar uma pele de coloração amarelo-limão.

Tatuagens e *piercings*, achados frequentes em pacientes com transtorno da personalidade antissocial[38] e *borderline*,[39,40] foram descritos como "exoesqueletos", *i.e.*, símbolos estereotipados de força e agressividade.[41] Paradoxalmente, enquanto alguns estudos recentes tendem a minimizar a ligação entre modificações corporais e psicopatologia, outros autores têm encontrado uma associação consistente entre múltiplos *piercings* e tatuagens, por um lado, e comportamentos de risco e de transtornos de personalidade, por outro.[39,40] Em pacientes com abuso de drogas endovenosas, as tatuagens podem ter a função de esconder ou indicar locais ideais para injeção.[42]

Higiene corporal e vestuário

A higiene corporal e o vestuário são elementos particularmente importantes na avaliação da aparência de pacientes com transtornos mentais graves, como a esquizofrenia e os transtornos do humor. Por exemplo, cabelos oleosos e despenteados, barba por fazer, edentulismo (dentes que foram perdidos), cáries, tártaro e unhas compridas e sujas podem indicar a presença de sintomas negativos em pacientes com esquizofrenia, sintomas depressivos em pacientes com transtornos do humor ou, ainda, autonegligência em pacientes com a controvertida síndrome de Diógenes, uma síndrome geriátrica que pode ou não ser associada a colecionismo (acumulação) patológico(a).[43]

A simples inadequação do vestuário chamamos de civestismo, que inclui o uso de roupas sujas, em desalinho, bizarras, redundantes ou refinadas demais para determinada situação.[44] Pacientes deprimidos que usam roupas excessivamente ornamentadas ou em cores chamativas (o chamado "sinal vermelho") frequentemente apresentam história de hipomania ou propensão a desenvolver episódios hipomaníacos no futuro.[45] Quando o paciente utiliza o vestuário do sexo oposto, utilizamos, então, a expressão transvestismo (ou *cross-dressing*), uma conduta observada no transexualismo (forma de disforia de gênero), no fetichismo transvéstico (parafilia ou perversão sexual) e em artistas performáticos (transformistas ou *drag queens*).[46]

Clínicos têm observado pacientes psicóticos (com esquizofrenia ou transtorno bipolar) que raspam seus cabelos imediatamente antes de uma recaída dos sintomas.[47] Curiosamente, em um estudo conduzido em jovens universitários holandeses, manipulações na aparência, incluindo o tingimento de cabelos de diferentes cores, a utilização de óculos escuros na ausência de sol, o uso de roupas umas em cima das outras, a depilação de sobrancelhas, a raspagem dos pelos peitorais e a utilização de casaco dentro de casa, entre outras, correlacionaram-se com a intensidade de sintomas psicóticos "atenuados" (*i.e.*, esquizotípicos).[48]

Funções Mentais Específicas, Seus Sinais e Sintomas **17**

Devemos considerar, no entanto, que a grande maioria das pessoas com aparências consideradas "bizarras" nunca desenvolverá quadros psicóticos. Afinal, na sociedade ocidental moderna, diferentes subculturas têm seus próprios códigos de vestuário e o que é considerado exótico por alguns pode não ser para outras pessoas. Entretanto, quando mudanças drásticas na aparência coincidem com a agressão, conduta antissocial ou abuso de drogas, a possibilidade de um quadro psicótico em desenvolvimento merece séria consideração. Obviamente, sem um exame cuidadoso do significado que a pessoa atribui às mudanças na aparência, pode-se incorrer em erros diagnósticos.[49]

COMUNICAÇÃO NÃO VERBAL

A comunicação não verbal geralmente é tratada como um conjunto homogêneo de características já que, na maioria das vezes, o olhar, a mímica e a atitude são peças de um repertório coerente. Devemos nos lembrar, no entanto, que os elementos que compõem a comunicação não verbal são controlados por diferentes funções cognitivas, emocionais e neurais. Por exemplo, enquanto o olhar está intimamente ligado a processos cognitivos e de atenção, a mímica reflete processos afetivos e volitivos determinados, muitas vezes, pelas regras sociais.[50] Isto sugere que os elementos que constituem aquilo que forma a comunicação não verbal podem estar comprometidos de forma diferenciada.

Olhar

O olhar pode denunciar a existência de diferentes condições mórbidas subjacentes, incluindo o transtorno do estresse pós-traumático (TEPT, que pode estar associado à chamada palpação visual do ambiente), o autismo ou a fobia social (que podem apresentar um olhar de esquiva indiferente ou constrangida, respectivamente), a depressão (com olhar cabisbaixo), as síndromes paranoides (com um olhar de soslaio), a mania (com um olhar inquisitivo) e as síndromes catatônicas e de Balint[51] (com um olhar fixo). Também estão associados a aspectos distintivos do olhar a epilepsia (com um olhar enamorado ou "um brilho metálico dos olhos", também chamado de sinal de Chizh[52]), a esquizofrenia (com alterações nos movimentos oculares sacádicos e de rastreio lento) e a doença de Parkinson (com redução da frequência do piscamento).

18 Funções Mentais Específicas, Seus Sinais e Sintomas

Mímica

A mímica ou expressão facial, estudada também no capítulo referente à psicomotricidade, permite comunicar as emoções ditas universais, *i.e.*, comuns a todas as pessoas e independente de culturas, incluindo alegria, surpresa, medo, raiva, nojo, tristeza e desprezo. A mímica pode encontrar-se alterada em uma diversidade de condições mórbidas. A redução ou a abolição da mímica (hipomimia e amimia, respectivamente) são observadas nos episódios depressivos maiores, no polo inibido das psicoses cicloides de motilidade, nas síndromes parkinsonianas, nas paralisias faciais dissociadas e na neurossífilis. Neste último caso é chamada também de mímica laminada.

O incremento da mímica (hipermimia) pode ocorrer em estados mórbidos de alegria (p. ex., na mania), surpresa (p. ex., na hiperplexia), medo (p. ex., no ataque de pânico), raiva (p. ex., no transtorno da personalidade *borderline*), nojo (p. ex., no transtorno obsessivo-compulsivo ou TOC), desprezo (p. ex., na mania e no transtorno de personalidade narcisista) e tristeza (p. ex., no transtorno depressivo maior). No polo excitado da psicose de motilidade, um paciente pode apresentar, alternadamente, expressões de alegria, tristeza, erotismo, raiva, preocupação, decepção e muito mais. Estes pacientes também apresentam outros fenômenos psicomotores, p. ex., agarram seus corpos, cabelos e roupas, sacodem suas camas, puxam seus colchões, sobem nas cadeiras e mesas, balançam as portas, batem nas paredes, seguram em outros pacientes e assim por diante.[53] Estes exageros se combinam em exibições atléticas e dançantes.[53] A "hipermimia emocional paroxística" é um fenômeno de liberação observado na paralisia facial central (síndrome de Monrad-Krohn).[54]

Para Karl Abraham, "o caráter anal (anancástico) às vezes carimba-se na fisionomia de quem o possui", especialmente por "uma tensão constante na linha das narinas associada a uma discreta elevação do lábio superior", como se o indivíduo estivesse cheirando algo desagradável.[55] A prega de Veraguth (linha oblíqua que se inicia no canto externo dos olhos e se inclina em direção ao nariz) indica a existência de um quadro depressivo grave. É acompanhada, na maioria das vezes, pelo sinal do ômega (ruga entre as sobrancelhas que assume a forma da última letra do alfabeto grego) (Figs. 3-3 e 3-4). Um estudo observou uma correlação positiva entre os valores da eletromiografia do músculo cor-

Funções Mentais Específicas, Seus Sinais e Sintomas 19

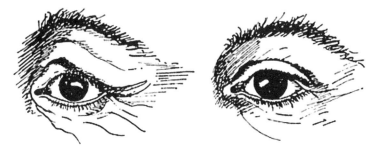

Figura 3-3. Prega de Veraguth. Reprodução de Bleuler E.[5]

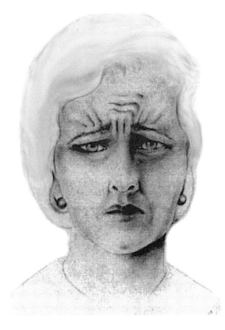

Figura 3-4. Sinal do ômega. Reprodução autorizada de Greden JF, Genero N, Price HL.[56]

rugador do supercílio (músculo do luto) e a idade e a gravidade da agitação psicomotora em pacientes hospitalizados com depressão.[56] A prega de Veraguth é mais frequentemente observada entre pacientes deprimidos de origem europeia do que em afrodescendentes.[57]

A paramimia propriamente dita – a expressão de uma emoção em desacordo com aquela que é ou deveria ser experimentada – é encontrada na esquizofrenia. Através da patomimia (mímica por emprestimo), que é um sintoma típico da síndrome de Munchausen, o paciente simula a existência de uma condição mórbida. O choro e o riso patológicos confundem-se com a chamada incontinência emocional. O choro patológico é observado na paralisia pseudobulbar e na epilepsia dacrística, enquanto o riso patológico se dá, mais comumente, na epilepsia gelástica, na paralisia pseudobulbar e no quadro chamado *le four rire prodromique*, que antecede lesões vasculares agudas do tronco cerebral e do tálamo. De maneira semelhante, alterações gerais do âmbito da psicomotricidade comumente se manifestam na mímica, incluindo os maneirismos e as estereotipias (focinho catatônico ou *schnauzkrampf*),[58] os tiques (tiques mímicos), os fenômenos em eco (ecomimia), as compulsões (mímica compulsiva) e os automatismos (automatismo mímico) (Fig. 3-5).

Atitude

A atitude do paciente em relação ao examinador é outro componente da comunicação não verbal que deve ser explorado com especial atenção. Em um cumprimento inicial, podem ser identificáveis um aperto de mão ateleiótico (incompleto, *i.e.*, com as pontas dos dedos), típico de

Figura 3-5. Focinho catatônico. Reprodução de Kraepelin E.[58]

Funções Mentais Específicas, Seus Sinais e Sintomas 21

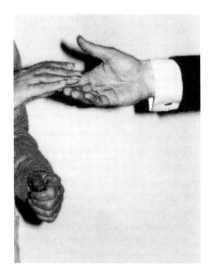

Figura 3-6. Aperto de mão ateleiótico. Reprodução de van den Berg JH.[59]

pacientes com esquizofrenia com sintomas negativos (Fig. 3-6),[59] ambitendência ou hesitação patológica (que é característica de pacientes catatônicos) ou reflexos de *grasping* (incapacidade de o paciente largar as mãos do examinador) e *groping* (também chamado de reação magnética ou de perseguição da mão do examinador), que são reflexos primitivos observado em pacientes com lesões frontais. A taquipreensão é uma espécie de reflexo de *grasping* esgotável próprio da catatonia dita pró-cinética.[53,60]

Antes mesmo de o entrevistador apertar as mãos do paciente, mas certamente depois que ele já o fez, podem emergir atitudes ou posturas mais gerais, complexas, que têm o poder de favorecer, prejudicar ou mesmo não afetar o *rapport*. A atitude do paciente pode indicar a presença de outros sintomas, como delírios e alucinações (Fig. 3-7).[61] As entrevistas costumam ser particularmente difíceis em pacientes que se portam de maneira hostil, suspicaz, dissimuladora ou querelante, como nas síndromes paranoides; pedante, como no transtorno da personalidade narcisista e na síndrome de Asperger (cujos portadores são também conhecidos como *little professors*); indiferente, como em muitos casos de esquizofrenia e na síndrome do lobo frontal; simuladora, como em pacientes com transtorno de personalidade antissocial; ou passivo-agressiva, como em indivíduos com transtorno da personalidade passivo-agressiva (onde se observa a chamada "anuência suspirosa").[62]

22   Funções Mentais Específicas, Seus Sinais e Sintomas

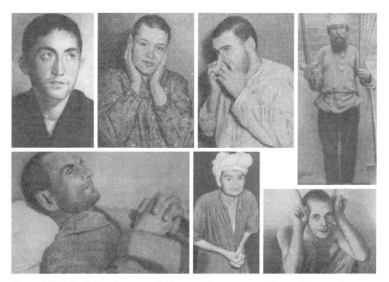

Figura 3-7. Seleção de algumas atitudes notadas ao exame do estado mental. Acima, da esquerda para a direita: Atitudes alucinatórias (indicativas de alucinações visuais, auditivas e olfatórias) e delirante (indicativa de delírio de grandeza). Abaixo, da esquerda para a direita: Atitudes delirantes (paranoide, *i.e.*, com olhar de soslaio; e hipocondríaca, com curativo na cabeça) e pueril (na esquizofrenia hebefrênica ou desorganizada). Reprodução de Morozov G.[61]

    Entrevistas mais fluidas podem ser observadas em indivíduos com uma atitude desinibida, geralmente encontrada na mania e no transtorno da personalidade histriônica; sugestionável, como aquela notada no transtorno de personalidade histriônica, na catatonia, ou no *delirium tremens*; submissa, como na catatonia e na fobia social; ou pueril e atoleimada, como no retardo mental e na esquizofrenia desorganizada. A atitude sugestionável de pacientes com *delirium tremens* pode estar associada aos sinais de Reichardt,*[63] Ashaffenburg**[64] e Liepmann.***[65] Atitudes dramáticas (como no transtorno de personalidade histriônico) ou teatralmente indiferentes [diante de déficits neurológicos conversivos (*belle*

---

*Quando o paciente lê, sem qualquer crítica, um papel em branco como se fosse uma carta.[63]
**Quando um telefone desligado é utilizado pelo paciente, sem crítica, em longas conversas.[64]
***Quando um paciente apresenta visões ao ter os seus globos oculares levemente pressionados pelo examinador.[65]

Funções Mentais Específicas, Seus Sinais e Sintomas — 23

indifférence)*[66]] podem facilitar ou não a entrevista. Por *la maladie du petit papier* entende-se o quadro apresentado pelo paciente ansioso que traz consigo um pequeno papel com uma extensa documentação de seus sintomas (ou "cada movimento intestinal ou gole d'água tomado").[67] Um questionável "sinal do anel de noivado" é observado em pacientes que movimentam suas alianças durante a entrevista, revelando dificuldades maritais inconscientes. [1]

COMUNICAÇÃO VERBAL (FALA)

A fala não corresponde a uma função mental especial, mas seu exame nos permite ter acesso aos conteúdos da consciência, *i.e.*, atenção, orientação, consciência do eu, inteligência, memória (especialmente verbal), pensamento, linguagem, sensopercepção, imaginação, necessidade, afetividade e vontade. A fala, perturbada ou não, pode nos fornecer pistas importantes sobre o estado de outras funções. Por esta razão, sua avaliação se situa em uma posição relativamente inicial no exame do estado mental. Juntamente com o pensamento e a linguagem, a fala é parte integral da comunicação verbal.[68] A articulação, a fluência e a voz são diferentes aspectos da fala que possuem, cada uma, relevância semiológica especial, sendo estudadas, portanto, em separado.

A descoberta de Broca, de que lesões circunscritas no terço posterior da terceira circunvolução frontal eram acompanhadas de incapacidade de falar, seguiu-se de intensa polêmica sobre o nome ideal para descrever tal sintoma.[69] Diferentes termos, como afasia (escolhido por Trousseau), afemia (proposto por Broca) e alalia (sugerido por Lordat), foram defendidos em discussões científicas, filosóficas e pessoais, sem produzir um consenso aparente.[69] Enquanto a história consagrou o termo afasia para descrever as alterações primárias de linguagem que se seguem a lesões cerebrais grosseiras, o termo afemia tem sido utilizado como sinônimo de apraxia da fala, caracterizada por uma incapacidade de articular palavras na presença de lesões corticais e funções orofaríngeas, de escrita e de compreensão preservadas.[70] Não vemos impedimento, portanto, em chamar de alalia qualquer ausência de fala, seja ela de origem orgânica ou não. À abolição da fala de origem não orgâ-

---

*A associação entre *La belle indifférence* e sintomas não orgânicos tem sido questionada.[66]

24 Funções Mentais Específicas, Seus Sinais e Sintomas

nica, dá-se o nome de mutismo, enquanto prefere-se o termo mutacismo para descrever a alalia (ou mutismo) que se deve a um estado de negativismo, seja ele depressivo, maníaco ou catatônico. Na mussitação, a única manifestação da fala é o movimento aparente dos lábios. Fala lenta (bradilalia) ou rápida (taquilalia ou logorreia), correspondendo à lentidão (bradipsiquísmo) e à aceleração (taquipsiquismo) do curso do pensamento, são observadas na depressão e na mania, respectivamente. A pronúncia de palavrões (coprolalia) ou repetição das palavras de outras pessoas (ecolalia) correspondem a alterações da psicomotricidade e são observadas na síndrome de Tourette e na catatonia. A repetição da última palavra (palilalia) ou sílaba (logoclonia) pronunciada pelo próprio paciente são sintomas de distúrbios da linguagem (descritos na seção específica). A repetição estereotípica de uma mesma frase ou palavra (verbigeração) é observada na esquizofrenia. A chamada síndrome do sotaque estrangeiro (*foreign accent syndrome* ou barbaralalia) é um distúrbio da prosódia, *i.e.*, da entonação ou ritmo da fala, causado por lesão em hemisfério esquerdo.[71] A glossolalia, fala caracterizada por pouco ou nenhum conteúdo semântico ou palavra conhecida, mas com propriedades fonêmicas que lembram a língua do indivíduo afetado, é fenômeno religioso privado (sem significado patológico) ou público (quando é observado em alterações da consciência de natureza dissociativa ou histérica[72]).

Os distúrbios da articulação (disartrias) incluem a produção atípica de sons da fala, caracterizados por substituições, omissões, acréscimos ou distorções que podem interferir na inteligibilidade.[68] Pode ser de origem parética, espástica, atáxica ou extrapiramidal.[73] É frequente na afasia de Broca,[73] mas pode ser observada na esquizofrenia,[74] em transtornos conversivos,[75] na intoxicação por lítio[76] e benzodiazepínicos[77] e em uma série de doenças neuropsiquiátricas, incluindo a esclerose lateral amiotrófica,[78] as doenças de Creuzfeldt-Jakob,[79] Wilson,[80] Niemann-Pick tipo C[81] e Kuf,[82] a síndrome neuroléptica maligna,[83] a doença de Huntington[84] e a encefalopatia traumática crônica,[85] entre outras.

A disfluência (ou gagueira) é uma interrupção no fluxo da fala caracterizado por velocidade ou ritmo atípicos e repetição de sons, sílabas, palavras e frases.[68] A disfluência pode ser acompanhada por maneirismos secundários. Sua associação com a fobia social a torna de grande

Funções Mentais Específicas, Seus Sinais e Sintomas   25

relevância para o Psiquiatra.[86] Pode surgir, ainda, como efeito colateral de inibidores da recaptação da serotonina (p. ex., fluoxetina[87] e sertralina[88]) e antipsicóticos.[89] No contexto de doenças neuropsiquiátricas, a gagueira pode ser observada na afasia de Broca, na doença de Parkinson, na paralisia supranuclear progressiva, na neurossífilis e nas doenças cerebrovasculares.[73]

O estudo detalhado da voz não tem sido objeto de interesse primário da Psiquiatria, mas sua ausência ou anormalidades em sua qualidade, altura, intensidade, ressonância, ou duração para idade ou sexo devem ser registradas.[68] A ausência de voz compromete a avaliação de boa parte do exame psiquiátrico, embora o paciente possa se comunicar pela escrita, situação não rara em pacientes com transtornos conversivos. A afonia (ausência de voz) pode-se dar por negativismo (afonia apofática), conversão (afonia histérica), espanto ou paixão (afonia patemática), espasmo (afonia espástica), ou por anomalias estruturais laríngeas (afonia orgânica).[90] A hipofonia (voz baixa ou sussurrante) é observada na depressão, nas síndromes paranoides e no parkinsonismo de diferentes etiologias. A hiperfonia ou megafonia (voz alta) é comum em episódios de mania e na esquizofrenia. As parafonias incluem alterações na qualidade da voz, como a voz masculinizada em mulheres (parafonia amazônica) ou feminilizada em homens (parafonia eununcoide).[90] Incluem-se aí também as vozes guturais exibidas por pacientes com possessão demoníaca.

CONSCIÊNCIA

Conceituar a consciência não é tarefa fácil. Somente no *The Oxford English Dictionary* são fornecidas oito definições diferentes. No entanto, em linhas gerais, o conceito de consciência na língua portuguesa pode ser agrupado em três grandes grupos:

1. Um conceito neurológico, que inclui o chamado nível de consciência, onde estar consciente significa estar acordado, alerta ou vígil.

2. Um conceito psicológico, que inclui ter a consciência de si e do mundo.

3. Um conceito moral, que corresponde à consciência como o superego, parte da mente que representa os valores da sociedade.[91,92]

A Psicopatologia Descritiva inclui o estudo da consciência do ponto de vista psicológico e, por extensão, neurológico. O estudo da consciência como fenômeno moral é alvo do interesse da Ética. Neste capítulo, discutiremos apenas a psicopatologia da consciência enquanto estado de vigília. A consciência enquanto experiência subjetiva terá sua psicopatologia discutida em relação às de outras funções psíquicas.

Para estar consciente de si e do mundo, o paciente precisa estar acordado e alerta[93] (Fig. 3-8). Podemos representar o campo da consciência através de um círculo e dividi-lo, esquematicamente, em foco e margem (Fig. 3-9).[92] Por foco, entendemos a parte da consciência para qual a atenção se direciona. Em uma aula, o foco da consciência do aluno é (ou ao menos deveria ser) a fala do professor. À margem da consciência, encontra-se tudo aquilo que acontece fora da sala de aula como, por exemplo, o barulho da chuva. Utilizamos diferentes parâmetros para avaliar o nível de consciência, incluindo não apenas seus principais produtos, *i.e.*, a consciência de si e do mundo, mas também o tônus muscular, a aparência, a atenção e a orientação. Em raros casos, a consciência de si e do mundo está abolida na presença de um nível de consciência preservado (p. ex., estado vegetativo persistente, discutido a seguir).

Figura 3-8. Esquema em cascas de cebola da consciência. A consciência do mundo e do eu depende da integridade do estado de vigília (nível de consciência). No entanto, alterações da consciência do eu (e de certa forma, do mundo) podem acontecer no estado de vigília normal.

Funções Mentais Específicas, Seus Sinais e Sintomas 27

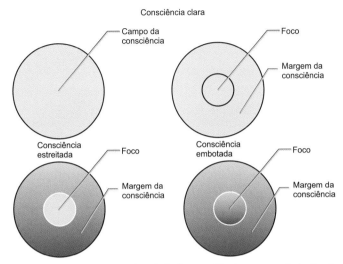

Figura 3-9. Esquema em cascas de cebola da consciência como um todo. Quadrante superior esquerdo: consciência clara. Quadrante superior direito: consciência clara com a designação de seu foco e margem. Quadrante inferior esquerdo: Estreitamento da consciência, ilustrado pela preservação da claridade do foco, com comprometimento da margem. Quadrante inferior direito: Embotamento ou entorpecimento da consciência, com comprometimento tanto da margem quanto do foco. Quando este quadro está associado a delírios ou alucinações chamamos de obnubilação.

Alterações da consciência

Toda atividade mental depende do nível de consciência, que pode estar alterada de diferentes formas. Aos estados transitórios entre o sono e a vigília chamamos hipnagógicos (do adormecer) e hipnopômpicos (do despertar). Fenômenos alucinatórios que se dão nestas circunstâncias podem ocorrer na narcolepsia, mas também, especialmente quando esporádicos, na normalidade. Dá-se o nome de embotamento ou entorpecimento da consciência à redução do nível de consciência ou do estado de vigília, que compromete tanto seu foco quanto sua margem.[92] Neste estado, o paciente encontra-se no leito, com pálpebras semicerradas, desatento e desorientado no tempo e no espaço. O entorpecimento está associado a quadros neurológicos ou sistêmicos de diferentes origens.

Quando alterações do pensamento (p. ex., ideias delirantes) ou da sensopercepção (p. ex., alucinações) associam-se ao entorpecimento,

28 Funções Mentais Específicas, Seus Sinais e Sintomas

dizemos que existe uma obnubilação da consciência.[92] A obnubilação é característica do *delirium* associado à abstinência do álcool (*i.e.*, *delirium tremens*) e de quadros agudos de meningite. Durante o chamado *delirium* ocupacional, o paciente com obnubilação da consciência pode reproduzir, de forma confusa, comportamentos característicos de sua profissão.[94] No estado conhecido como síndrome de transição (*Durchgangssyndrom*), o paciente que apresentava uma obnubilação recupera a consciência, mas segue com sintomas psicóticos residuais por um período variável.[95]

Os conceitos de embotamento, entorpecimento ou obnubilação da consciência têm sido considerados características fundamentais do *delirium*, uma síndrome neuropsiquiátrica complexa de etiologia médica multifatorial composta por sintomas cognitivos, perceptivos, afetivos e psicomotores, além de distúrbios do ciclo sono-vigília.[96] Embora o *delirium* seja considerado, classicamente, um quadro agudo e reversível, o diagnóstico diferencial com quadros demenciais (crônicos e irreversíveis) pode ser difícil em pacientes que desenvolvem "transtornos cognitivos persistentes" após um episódio de *delirium*. Aparentemente, o *delirium* pode acelerar o ritmo do declínio cognitivo em pacientes com doença de Alzheimer.[96,97]

Recentemente, tem-se observado um crescente movimento no sentido de se abandonar o conceito de "entorpecimento da consciência" (característica central do *delirium*) em favor da capacidade de focalizar, sustentar ou mudar a atenção. Isto porque, ao contrário da atenção, aquilo que conhecemos como consciência seria difícil de medir e avaliar.[96,98] Além disso, os poucos estudos fenomenológicos que incluíram avaliações seriadas sugerem que o distúrbio da atenção é uma característica consistente durante todo o curso de um episódio de *delirium*, reforçando ainda mais a posição da desatenção como um elemento dominante para a definição do quadro.[98]

Quando o comprometimento da consciência afeta somente a sua margem, com preservação de seu foco, dizemos que existe um estreitamento da consciência.[92] Nestas situações, o indivíduo pode ser capaz de executar uma tarefa complexa de forma automática (p. ex., automatismo deambulatório), embora não apresente memória para o evento em questão (amnésia lacunar). O estreitamento da consciência é característico dos chamados estados crepusculares de etiologia epiléptica (*i.e.*, cri-

Funções Mentais Específicas, Seus Sinais e Sintomas **29**

ses parciais complexas) ou dissociativa (p. ex., estados "segundos" ou estados de transe). Chamamos a abolição da consciência de origem patológica de coma. Muitas alterações de interesse do psiquiatra assemelham-se ao coma e, por isso, foram denominadas por alguns autores de estados *coma-like*.[99] Elas incluem o mutismo acinético, que pode ser causado por lesões frontais (mutismo acinético apático) ou septais (coma vígil, acompanhado por ataques de fúria); o estado vegetativo persistente ou apálico (que é acompanhado por sinais de decorticação); e a síndrome do homem encarcerado (que é causada por lesões que preservam apenas a mobilidade ocular, permitindo a comunicação do indivíduo com o ambiente através da movimentação de seus olhos).

ATENÇÃO

A atenção pode ser definida como o estado de concentração da atividade mental sobre determinado objeto.[100] A capacidade de um paciente sustentar sua atenção ao longo do tempo deve ser determinada antes da avaliação de funções cognitivas mais complexas, como a memória, a linguagem e a inteligência.[73] O paciente desatento não consegue assimilar informações apresentadas durante uma avaliação. A atenção pode ser dirigida ao foco (*i.e.*, tenacidade) ou à margem (*i.e.*, vigilância) da consciência.[92] Enquanto a atenção dirigida ao foco da consciência caracteriza-se por ser voluntária (ou ativa), a atenção voltada à margem da consciência é predominantemente involuntária (ou passiva). Geralmente o aumento de um tipo de atenção está associado à redução do outro (disprosexia) (Fig. 3-10).

Alterações da atenção

Pacientes apresentam hipervigilância com hipotenacidade durante um episódio maníaco e hipovigilância com hipertenacidade em relação às obsessões no TOC, às ruminações depressivas no episódio depressivo maior e às preocupações no transtorno de ansiedade generalizada (TAG). No entanto, a tenacidade e a vigilância podem sofrer redução simultaneamente (hipoprosexia) nos estados de entorpecimento, embotamento ou obnubilação da consciência. Chama-se de pseudoaprosexia ou despolarização atentiva[101] ao estado de aparente abolição da

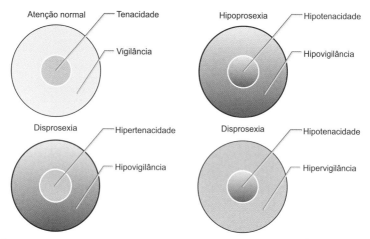

Figura 3-10. Esquema em cascas de cebola da atenção como um todo, com base na ilustração da consciência descrita na Figura 3-7. Quadrante superior esquerdo: atenção globalmente preservada, tanto aquela voltada para o foco (tenacidade), quanto para a margem (vigilância). Quadrante superior direito: Atenção globalmente comprometida (hipoprosexia). Quadrante inferior esquerdo: Atenção para a margem da consciência comprometida (hipovigilância) e para o foco da consciência preservada ou aumentada (hipertenacidade). Quadrante inferior direito: Atenção para o foco da consciência comprometida (hipotenacidade) e para a margem da consciência preservada ou aumentada (hipervigilância).

atenção, observado em indivíduos que se apresentam imersos em seus próprios conteúdos mentais.

A atenção é resultado de uma interação complexa do sistema reticular ativador ascendente e suas projeções diencefálicas, do sistema límbico e de regiões neocorticais.[73] Dessa forma, a atenção pode estar alterada tanto em lesões cerebrais difusas quanto em lesões mais caprichosas do tronco cerebral, do tálamo, dos lobos frontais, da cápsula interna posterior e do hemisfério direito. Embora as representações gráficas da vigilância e da tenacidade ajudem a entender como a atenção encontra-se perturbada em diferentes transtornos mentais, especialmente através da observação e da história, esses conceitos não são facilmente traduzíveis para situações onde é necessário testar e quantificar a atenção de maneira mais objetiva. Neste contexto, o clínico lança mão de provas mais padronizadas.[73]

O nível básico de atenção pode ser testado pelo teste de repetições de dígitos, em que paciente é orientado a repetir uma sequência pro-

Funções Mentais Específicas, Seus Sinais e Sintomas   **31**

gressivamente maior de números randômicos.[73] A atenção sustentada pode ser avaliada pelo teste do sete seriado, que consiste na subtração progressiva de 7 partindo de 100 (93, 86, 79 etc.), ou pelo teste de letras randômicas, em que o paciente deve indicar, tocando na mesa, quando o examinador fala uma determinada letra (p. ex., A) entre muitas outras.[73] A hemi-inatenção e o fenômeno de extinção podem ser testados pela estimulação dupla simultânea tátil (com toque bilateral do examinador em duas partes do corpo), visual (com o balançar dos dedos indicadores do examinador diante de um paciente que o encara) e auditiva (com um estímulo auditivo por trás do paciente).[73]

A atenção tem o poder de "avivar" diferentes alterações mentais. Sinais e sintomas são fomentados, reforçados e complicados por ingerência da atenção, que atua como um verdadeiro "catalisador" de distúrbios cognitivos (p. ex., nas falhas de memória), de problemas com o sono (p. ex., na insônia dita "psicofisiológica"), de disfunções sexuais (p. ex., na impotência sexual e na ejaculação precoce), de distúrbios do pensamento (p. ex., nas obsessões) e de alterações da psicomotricidade (p. ex., nos tiques).[102] Assim, seja por esforço voluntário ou em consequência das expectativas negativas, o sujeito pode ver confirmadas alterações que, de outra forma, seriam mínimas ou meramente "ilusórias".[102]

Segundo alguns autores, a atenção pode estar alterada também em seus aspectos qualitativos, *i.e.*, na capacidade de sintetizar os dados patentes ao entendimento. Trata-se de anormalidades que afetam, primariamente, outras funções mentais, mas que contam com a atenção como parte fundamental, pelo menos do ponto de vista fenomenológico. Estas alterações incluem a frustração do objetivo, a perplexidade anormal e o sentimento de estranheza.

Na frustração do objetivo, observada na esquizofrenia, ocorre um fracasso da tentativa de apreender conteúdos, que se abortam em um vácuo ou se descaminham em direção a um outro objetivo acidental. Neste caso, os pacientes não respondem a perguntas do examinador apesar de saberem e quererem respondê-las. Não se trata do chamado bloqueio do pensamento, pois o paciente segue pensando, ainda que em outras coisas.[102]

Na perplexidade anormal, sintoma observado na esquizofrenia, na depressão e no *delirium*, o indivíduo é incapaz de sintetizar e compre-

32 Funções Mentais Específicas, Seus Sinais e Sintomas

ender o conteúdo da atenção, sendo tomado por um estado de dúvida e indecisão diante de fatos que sequer consegue determinar de forma objetiva. O paciente pergunta: "O que está acontecendo aqui?" Difere da perplexidade normal pelo fato de que esta última ocorre diante de um estado de coisas determinado objetivamente.[102]

Há quem estude os sentimentos de estranheza em relação a si (despersonalização) ou ao ambiente (desrealização) no âmbito da percepção, da memória ou da afetividade. Sem dúvida, a este complexo sintoma associa-se também um estado qualitativamente diferenciado da atenção, *i.e.*, o "estado de atenção vigilante", que resulta nas experiências de "mente vazia" e "indiferença à dor", frequentemente encontradas na despersonalização.[103] Este estado de atenção vigilante é semelhante àquele observado nas tarefas de atenção contínua com estímulos infrequentes, em que também ocorre ausência de resposta autonômica.

ORIENTAÇÃO

A orientação não é exatamente uma função psíquica específica, mas o produto da integração de muitas funções mentais diferentes, incluindo nível de consciência (estado de vigília), afetividade, memória e pensamento.[2] A orientação possibilita à pessoa compreender seu contexto e organizar seu comportamento, constituindo, deste modo, uma condição prévia para adaptação a diferentes situações de vida.[104] A distinção entre uma orientação prática (relativamente estável), que se expressa no comportamento, e uma orientação teórica (mais instável) é importante do ponto de vista diagnóstico.[104] O indivíduo mentalmente são se encontra consciente em relação a si (quem é e qual a sua história) e ao ambiente (quando e onde se encontra). Chamamos estes tipos de orientação de auto e alopsíquica, respectivamente.[92]

A orientação no tempo é instável e facilmente perturbada, já que seus pontos de referências são fluidos e exigem uma capacidade de adaptação constantemente renovada.[104] No entanto, a orientação espacial em relação a locais familiares (p. ex., a casa, o quarteirão ou o bairro onde o indivíduo mora) é mais estável.[104] A chamada orientação relativa a uma situação (*i.e.*, seu significado e sentido para a pessoa) pressupõe a captação, compreensão e interpretação de uma circunstância no contexto biográfico do indivíduo.[104] Por exemplo, para que o

Funções Mentais Específicas, Seus Sinais e Sintomas **33**

paciente que se encontra em um hospital em um determinado momento esteja plenamente orientado, ele deve ser também capaz de perceber que está em uma consulta médica como paciente e não, por exemplo, como acompanhante de outra pessoa.[104]

Um estudo de ressonância magnética funcional realizado com indivíduos normais revelou relações interessantes entre domínios de orientação, o pré-cuneo e os lobos parietais inferiores, com a orientação espacial ativando regiões posteriores, a orientação em relação à pessoa ativando regiões intermediárias e a orientação em relação ao tempo ativando regiões anteriores destas estruturas cerebrais.[105] O córtex pré-frontal medial também ativou-se em suas áreas mais posteriores durante a tarefa que testa a orientação em relação ao tempo e em suas áreas mais anteriores durante testes que envolvem a orientação referente à pessoa.[105] Neste mesmo estudo, a "rede em modo padrão" (*default-mode network*) ativou-se durante todos os domínios de orientação, sobrepondo-se àquelas regiões relacionadas com a orientação autopsíquica.[105]

Alterações da orientação

A identificação de uma alteração na orientação não se faz, necessariamente, pelo interrogatório, mas também por meio do diálogo e da observação do comportamento. A orientação temporal é quase sempre a primeira a ser afetada, seguida da orientação relativa à situação, da orientação espacial e, finalmente, da orientação em relação a si.[104] Geralmente, os pacientes com quadros de entorpecimento, embotamento ou obnubilação da consciência encontram-se desorientados no tempo e no espaço, *i.e.*, apresentam uma desorientação alopsíquica. Indivíduos que não sabem informar ou distorcem dados básicos a respeito de si costumam apresentar alterações psiquiátricas primárias, incluindo esquizofrenia e transtornos dissociativos. Pacientes com alterações da consciência raramente apresentam desorientação autopsíquica.

A desorientação no tempo pode comprometer não apenas a capacidade de informar a data atual, mas também de fornecer a idade de si ou dos outros; de reconhecer a existência de uma única linha do tempo e de determinar a sequência, a velocidade e a duração dos eventos vividos.[106] Pacientes com esquizofrenia podem apresentar a chamada cronofrenia ou reduplicação do tempo, *i.e.*, a crença de que o paciente existe agora,

34 Funções Mentais Específicas, Seus Sinais e Sintomas

mas também em outra época.[107] O fenômeno de *Zeitraffer* corresponde à aceleração ou desaceleração dos movimentos das coisas e das pessoas e é observado em lesões em hemisfério direito.[107] Fenômenos correlatos às desorientações temporais, as ilusões sobre a duração do vivido são observados em adolescentes e em pacientes com intoxicações exógenas, esquizofrenia e lesões diencefálicas ou parietoccipitais.[102,107] Pacientes com quadros depressivos podem descrever uma interrupção da passagem do tempo ou mesmo a fixação no passado.[102] Por outro lado, uma sucessão de presentes, mas nunca "passados" nem "futuros", é fenômeno observado na atomização do tempo vivido, sintoma referido por pacientes em estados maníacos.[102] A frustração do presente e a invalidação do acontecido ocorre nos fenômenos de *jamais vu*, *déjà vu* e nos rituais de repetição do TOC. Neste último caso, o acontecimento presente (*i.e.*, compulsão) carece de legitimidade e precisa ser repetido.[102] A chamada reificação ou substantivação do tempo, tratado como uma força concreta que "empurra" o paciente do passado para o futuro, é observada em pacientes com esquizofrenia.[102]

A desorientação espacial é diagnosticada, quando o paciente é incapaz de responder corretamente a perguntas sobre seus arredores (imediatos ou não imediatos), sobre as fronteiras de seu corpo ou sobre a localização de objetos ou lugares relacionados ou não a si.[106] Embora não representem desorientações espaciais *stricto sensu*, outros quadros podem, também, afetar a noção de espaço, tanto do corpo (como nas alucinações cinestésicas),[107] quanto do mundo (como nas "obliterações ou atenuações" das experiências). Na heminegligência ou agnosia visoespacial unilateral, por exemplo, a metade do mundo (quase sempre à esquerda) desaparece por completo ou quase por completo. No entanto, estas alterações são quase sempre mais bem estudadas em outras seções, como as de sensopercepções e de consciência do eu, respectivamente.

A desorientação relativa à situação geralmente é de duração breve. Pode ser observada na recuperação de alterações da consciência, como após o despertar de um sono profundo em lugares desconhecidos, e em alguns transtornos do sono (p. ex., transtornos de despertar do sono Não REM, como o sonambulismo e o terror noturno). O despertar confusional tem potenciais implicações psiquiátrico-forenses, podendo resultar até mesmo em homicídio.[104,108] A desorientação relativa à situação pode levar à violência quando outras pessoas tentam conter o

Funções Mentais Específicas, Seus Sinais e Sintomas   **35**

paciente, mas quase nunca espontaneamente.[109] A fisiopatologia dos transtornos do despertar envolve a desativação dos lobos frontais durante o sono de ondas lentas e a superativação de vias talamocorticais direcionadas ao sistema límbico.[109]

As alterações da orientação são classificadas, também, de acordo com a sua origem.[92] É chamada de desorientação confusional aquela que resulta de uma alteração da consciência. A desorientação apática é observada em pacientes com quadros depressivos graves, em pacientes que não demonstram interesse em saber ou acompanhar a passagem do tempo. Pacientes com déficits mnêmicos (p. ex., doença de Alzheimer), mas com a consciência preservada, podem sofrer de desorientação mnéstica. Indivíduos que não fornecem dados adequados sobre si ou sobre o tempo ou espaço em função de um delírio apresentam uma desorientação delirante. Alguns pacientes são capazes de manter um padrão de comportamento consistente com uma preservação das orientações auto e alopsíquicas, apesar de apresentarem uma desorientação delirante. A este fenômeno chamamos de dupla orientação.

CONSCIÊNCIA DO EU

Em condições ideais de saúde, todos nós temos consciência que somos: (i) seres vivos, (ii) autodeterminados, (iii) únicos ou consistentes, (iv) diferentes do mundo que nos circunda, (v) nós mesmos, (vi) dotados de desejos e vontades e (vii) inseparáveis de nosso corpo. A estas formas de consciência chamamos, respectivamente, e em ordem crescente de complexidade, de (i) vitalidade, (ii) atividade ou autonomia, (iii) unidade, (iv) limite, (v) identidade (incluindo o autoconceito), (vi) energia e (vii) consciência corporal de si ou do eu.[94,104,110] De acordo com o modelo de camadas da consciência do eu proposto por Scharfetter (Fig. 3-11),[104] em perturbações graves de dimensões mais inferiores, básicas ou centrais, as dimensões mais superiores podem não vir sequer a serem formadas.

Em contrapartida, de acordo com este mesmo modelo, em uma deterioração "de cima para baixo", a energia do eu e a autoimagem podem estar gravemente afetadas, sem que isso perturbe a identidade do eu e as dimensões ali contidas.[104] De maneira semelhante, a identidade do eu pode estar alterada sem que a consistência, os limites, a atividade e a vitalidade tenham que estar declaradamente afetadas.[104]

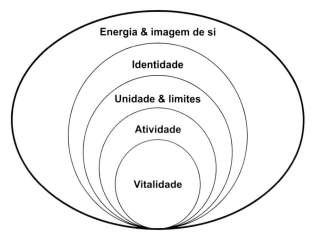

Figura 3-11. Esquema em cascas de cebola da consciência do eu. A consciência da vitalidade do eu comprometida pode determinar dificuldades na avaliação das demais formas de consciência. No entanto, alterações da consciência da energia do eu podem acontecer na presença de uma consciência de vitalidade preservada.

Um modelo semelhante, proposto por Parnas e Sass, descreve um eu "mínimo" e pré-reflexivo que compreende a qualidade de primeira pessoa da consciência (ipseidade) e encontra-se perturbado na esquizofrenia e transtornos relacionados, além de um eu "narrativo" ou social, que inclui a identidade social, a personalidade, os hábitos, o estilo, a história pessoal, a autoimagem e a autoestima.[111]

Alterações da consciência reflexiva

A consciência reflexiva é um estado em que não se atua de um modo simplesmente instintivo (impulsivo) ou cedendo a estímulos ambientais.[112] A consciência reflexiva (*i.e.*, "voz da consciência") permite atuar de forma premeditada e ponderada, otimizando o processo de tomada de decisões.[112] Encontra-se quase que totalmente ausente em estados dominados por uma emoção (p. ex., ciúmes). O exame da consciência reflexiva permite diferenciar, também, delírios (fenômenos pré-reflexivos) de obsessões (onde existe uma intensa atividade reflexiva).[113] O eu "narrativo" experimenta a si mesmo no processo de autorreflexão. A consciência reflexiva crítica examina o passado, o presente e o futuro com seus pensamentos e vivências, os compara e os associa, contribuindo para a formação da consciência do eu.[112]

Funções Mentais Específicas, Seus Sinais e Sintomas **37**

Alterações da consciência da vitalidade do eu

Em um estado maduro e saudável, os seres humanos têm plena consciência de suas existências como seres vivos fisicamente presentes. Esta dimensão da consciência do eu, proposta por Scharfetter, é dependente de um sentimento vital (cenestesia).[104] Na perda da vitalidade do eu, o sentimento da própria corporeidade pode diminuir ou mesmo desaparecer, como em alguns casos de depressão grave (síndrome de Cotard), esquizofrenia, psicoses tóxicas e *bad trips* por LSD. Na mania, a vitalidade do eu é experimentada de um modo mais elevado, resultando em sentimentos de onipotência ou até mesmo em um delírio de grandeza. Em muitos aspectos, a vitalidade do eu confunde-se com a consciência do eu corporal descrita a seguir.

Alterações da consciência de atividade do eu

A atividade do eu encontra-se comprometida na chamada síndrome de ação exterior, característica da esquizofrenia e considerada um de seus sintomas de primeira ordem, *i.e.*, sintomas considerados de valor especial para o diagnóstico.[65] Nesta condição, os pacientes não se acham mais donos de si, mas sentem-se como meros espectadores ou meros intermediários de uma força externa que controla todas as suas ações. Segundo Scharfetter,[104] alguns doentes podem tentar sair deste angustiante déficit da atividade efetuando movimentos uniformes (estereotipias) ou repetindo, monotonamente, palavras ou frases (verbigerações).

Alterações da consciência da unidade do eu

Na esquizofrenia, os doentes também podem já não perceber a si próprios como uma unidade compreensível, como uma totalidade coerente, com consistência, coerência e continuidade.[104] A unidade do eu pode encontrar-se comprometida de diversas formas.[94] Na cisão ou clivagem, o paciente pode acreditar que é duas ou múltiplas pessoas ao mesmo tempo. Por exemplo, enquanto um paciente acredita ser João à sua esquerda e José à sua direita, outro crê que partes de seu corpo pertencem a uma outra pessoa. Na bilocação, o paciente acredita estar em dois locais ao mesmo tempo. É importante notar que a perda da unidade do eu é um fenômeno esquizofrênico. Nos transtornos dissociativos (como o transtorno de personalidade múltipla), não existe uma real

38 Funções Mentais Específicas, Seus Sinais e Sintomas

fragmentação da unidade interna do eu, como ocorre na esquizofrenia, apenas uma dissociação em sua expressão.[2]

Alterações da consciência do limite eu-mundo

No comprometimento do limite eu-mundo, os pacientes sentem que seus pensamentos são conhecidos pelos outros (publicação do pensamento) ou mesmo roubados ou inseridos em sua mente por forças externas, sintomas estes considerados também de primeira ordem para o diagnóstico da esquizofrenia. Estes pacientes podem-se sentir despidos, expostos, indefesos e incapazes de distinguir entre o eu e o não eu, entre aquilo que imaginam e o que deles se aproxima de verdade.[104] Quando estas experiências surgem lentamente, alguns indivíduos erguem um verdadeiro muro entre si e o mundo, acabando por desenvolver um estado de retraimento ou "encapsulamento" (autismo) característico da esquizofrenia.

Pacientes podem, também, se identificar com objetos ou coisas do mundo inanimado, projetando seus estados subjetivos e transferindo-os para o eu alheio ou para o corpo de um animal (*transitivismo*).[92] Alguns pacientes com colecionismo (acumulação) patológico (a) descrevem os seus objetos ou pertences como verdadeiras "extensões" de seu corpo. A beatitude ou bem aventurança é um estado de supressão completa de toda a atividade psicomotora e de um gozo inenarrável.[114] No êxtase, sublimação do estado de beatitude, o "eu" se funde com entidade externa, incluindo o universo (êxtase cósmico) ou uma divindade (êxtase místico). O êxtase pode ser observado na esquizofrenia, na epilepsia e na psicose de angústia-êxtase da escola de Wernicke-Kleist-Leonhard.[115]

Alterações da consciência da identidade do eu

A identidade do eu encontra-se comprometida na despersonalização, um sintoma que pode estar presente em diferentes estágios da esquizofrenia (inclusive em seu pródromo), nos ataques de pânico e na epilepsia. Os pacientes podem apresentar-se inseguros em relação à sua identidade e, em casos mais graves, julgarem ser pessoas diferentes, recriando suas próprias biografias. Ocasionalmente, pode ocorrer uma transformação delirante de sexo ou a crença de que o indivíduo tornou-se um animal (p. ex., zoantropia).[116] Pode ser acompanhada do chamado *signe du miroir*, em que o paciente, em estado de perplexidade, olha para sua imagem no espelho e se questiona sobre modificações que, supostamente, ocorrem em si.[94] Este sintoma pode-se confundir com a desorientação autopsíquica.

Alterações do autoconceito

O modo como cada um se vê e o que pensa sobre si próprio constitui a autoimagem (autoconceito).[104] Geralmente suas oscilações e modificações não afetam de modo algum as dimensões básicas da coincidência do eu. Suas perturbações incluem a transformação do modo de ser durante crises da adolescência e após experiências catastróficas ou traumáticas (como doenças, invalidez, mutilações ou cativeiros), a luta interna contra fenômenos percebidos como estranhos ao eu (própria das obsessões e fobias), e o sentimento de autoestima patologicamente exaltado (na mania e no transtorno de personalidade narcisista), reduzido (na depressão) ou caleidoscopicamente variável (no transtorno de personalidade *borderline*). Geralmente aquilo que não se ajusta à autoimagem é facilmente "escotomizável" e termina excluído da consciência.[104]

Alterações da consciência da energia do eu

A energia do eu é um constructo pouco preciso que engloba traços de personalidade, como assertividade, firmeza, segurança e resiliência, entre outros.[104] As pessoas com um "eu frágil" vivem de forma desadaptada, seguindo o exemplo de outros, sejam eles exemplos positivos (como o de um educador), neutros ou negativos (como no caso de indivíduos com personalidades psicopáticas ou antissociais). Neste quadro, o que é verdadeiramente próprio do paciente é reprimido num esforço de ajustamento do comportamento à norma, atrofia-se ou então desenvolve-se de forma desviante.[104] Um decréscimo da energia do eu é observado em indivíduos sugestionáveis, com transtornos de personalidade, obsessões e fobias, e dependências químicas e comportamentais, entre outros.

Alterações da consciência do eu corporal

Como lembrado por Pio-Abreu,[117] citando Jaspers,[110] "A proximidade do corpo em relação à consciência do eu é máxima nas vivências de atividades

40 Funções Mentais Específicas, Seus Sinais e Sintomas

muscular e motora, é menor nas sensações cardíacas e mínima nos processos vegetativos". Para Pio-Abreu, o corpo é a única parte do mundo que se percebe como objeto exterior e se sente no interior da consciência. Assim, o corpo pode ser tratado com negligência ou entrar em conflito com a consciência do eu. Por exemplo, o indivíduo desconhece seu "eu" corporal na hemisomatognosia (heminegligência), na autotopoagnosia (incapacidade de nomear partes do corpo), na agnosia digital (incapacidade de nomear os dedos, parte da síndrome de Gerstmann), na anosognosia (incapacidade de reconhecer a existência de doença) ou na assomatognosia total (crença na inexistência do corpo, na síndrome de Cotard).

No membro fantasma ("ilusão dos amputados"), existe a percepção de um membro que já não é mais presente. Por outro lado, indivíduos podem-se encontrar em conflito com eu corporal por se acharem feios ou pesados (no episódio depressivo maior), grandes ou "gordos" (*i.e.*, hiperesquemásicos) na anorexia e bulimia nervosa, e vítimas de um defeito físico ou corporal (no transtorno dismórfico corporal e no transtorno delirante somático). Na bigorexia, um tipo de transtorno dismórfico corporal mais comum em homens, os pacientes se acham pequenos ou "magros" demais (*i.e.*, hipoesquemásicos). Na disforia de gênero, pacientes não se identificam com seu sexo biológico. Alterações da consciência do eu corporal também são observadas na síndrome da mão alienígena.[94]

Alterações da consciência do eu pessoal

Segundo Cabaleiro Goas, a consciência do eu pessoal é o resultado da integração da consciência do eu psíquico e o eu corporal "em razão da qual nos sentimos verdadeira unidade corpo e alma, permitindo vivenciar nosso corpo e nossa mente com unidade pessoal, como pessoa".[94] Para Goas, a consciência do eu pessoal se encontra afetada sempre que se altera de algum modo, em alguma ou em algumas de suas características formais, a consciência do eu psíquico ou do eu corporal. A perda da unidade psicofísica do eu é observada na desencarnação (descrita nas experiências de quase morte, na autoscopia, no transtorno de personalidade esquizoide e no autismo) e na desanimação (característica da esquizofrenia e da depressão grave).[94] A experiência de ameaça da cisão da unidade formada pelo eu psíquico e corporal ocorre nos ataques de pânico no contexto de diferentes transtornos de ansiedade.[94]

INTELIGÊNCIA

A inteligência é uma capacidade mental geral que, entre outras coisas, envolve a habilidade de raciocinar, planejar, resolver problemas, pensar abstratamente, compreender ideias complexas e aprender rapidamente e com a experiência.[118] A inteligência é medida por testes, os testes de quociente intelectual (QI). A dispersão das pessoas ao longo de um *continuum* de QI, dos escores mais baixos até os mais altos, é representada por uma curva em forma de sino (curval normal, no jargão estatístico).[118] A maioria das pessoas se agrega próximo ao QI médio de 100 (topo da curva). O QI está fortemente relacionado, provavelmente mais do que qualquer outro traço humano mensurável, com muitos desfechos educacionais, ocupacionais, econômicos e sociais importantes.[118] No entanto, um QI elevado não está, necessariamente, associado a sucesso na vida, assim como um QI baixo não significa fracasso inevitável.

Segundo o site do Conselho Federal de Psicologia em julho de 2016, os testes de QI validados no Brasil incluíam o BETA-III, o G-38, o R-2, o SON-R 2½-7[a], o Teste Equicultural de Inteligência, o Teste de Inteligência Verbal (TIV), o Teste de Inteligência Geral Não Verbal (TIF-NV), o TONI-3; o V-47, a Escala de Inteligência Wechsler para Adultos (WAIS III), a Escala de Inteligência Wechsler Abreviada (WASI) e Escala de Inteligência Wechsler para Crianças em suas terceira e quarta edições (WISC III e WISC IV). A inteligência é considerada limítrofe diante de um QI entre 70-90. O retardo mental (Transtorno do Desenvolvimento Intelectual) é considerado presente diante de um QI inferior a 70, desde que uma incompetência social esteja presente.[1] Neste sentido, QIs entre 50-70, 35-50, 20-35 e menores que 20 correspondem a retardos mentais leves, moderados, graves e profundos, respectivamente.[119]

Alterações da inteligência

O retardo mental leve representa aproximadamente 85% das pessoas com deficiência mental.[119] Não costuma ser identificado até o primeiro ou segundo ano do ensino básico, quando as demandas acadêmicas aumentam. A etiologia do retardo mental neste grupo é frequentemente indeterminada. Muitos adultos com retardo mental leve podem viver de forma independente e sustentar suas próprias famílias. O retardo mental moderado representa cerca de 10% dos casos.[119] Pacientes com

42 Funções Mentais Específicas, Seus Sinais e Sintomas

retardo mental moderado não costumam alcançar uma escolaridade acima da segunda ou terceira séries. Como adultos, podem até realizar algum ofício, desde que sob supervisão. Indivíduos com retardo mental grave compreendem 4% dos casos. Podem desempenhar algumas tarefas domésticas sob supervisão. O retardo mental profundo é observado em 1 a 2% dos casos.[119] A maioria possui etiologia identificável e, apesar da gravidade do quadro, pode aprender algumas atividades de autocuidado.

Além da credulidade desmedida e da incapacidade de aprender, são características psicopatológicas do retardo mental a fixação nos elementos sensoriais da experiência (como no paciente de Bleuler que "só sabe de Jesus Cristo aquilo que viu em ilustrações"), a adesão ao habitualmente vivenciado, ao simples e ao não elaborado (como em outro paciente de Bleuler que, ao ser perguntado como se divide uma maçã para três pessoas, respondeu: "Corta-se a maça em quatro, dá-se um pedaço para cada um e joga-se o último fora"), a formação insuficiente dos conceitos abstratos (como em um sujeito que, ao ser perguntado sobre o que é ter religião, responde: "Ter religião é ir à igreja"), e a incapacidade de associar uma ideia a novas relações (como em um caso de Bleuler que era capaz de dizer os nomes dos números na ordem correta", mas é incapaz de "contar seus dedos").[5]

Até o final do século XIX, a Psiquiatria utilizava termos hoje considerados depreciativos para designar três níveis de "oligofrenia" ou "frenastenia", a saber debilidade mental (idade mental entre 7 a 10 anos), imbecilidade (idade mental entre 3 a 7 anos) e idiotia (idade mental abaixo de 3 anos). As "oligofrenias" eram ainda classificadas em eréticas ou apáticas com base em seus comportamentos predominantes. De fato, descrições verbais dos pacientes com retardo mental mais graves são pouco confiáveis para o estabelecimento de comorbidades psiquiátricas. Observações seriadas da postura, da mímica e do comportamento podem ser mais importantes do que relatos subjetivos, dependendo da gravidade do retardo. Alterações do comportamento como conversões, automutilações, ecolalia e estereotipias são comuns em indivíduos com diferentes graus de retardo mental.

Alterações dos níveis de inteligência podem ser observadas em outros transtornos psiquiátricos. Ao contrário do retardo mental, onde o QI baixo é congênito, na demência e no *delirium* pode-se observar

Funções Mentais Específicas, Seus Sinais e Sintomas **43**

um déficit intelectual adquirido na presença de vocabulário adequado.[120] A esquizofrenia, seja ela desorganizada, seja "enxertada" em um quadro de retardo mental (*pfropfschizophrenie*), pode estar associada a um QI reduzido.[120] Estes quadros enxertados sempre trazem grandes dificuldades diagnósticas.[95] Devem ser diferenciadas de "reações vivenciais anormais" (neuróticas) em pacientes com retardo mental, já que as razões para instalação podem ser pouco "penetráveis", as habilidades verbais podem estar comprometidas, e os recursos cognitivos que permitem uma recuperação dos sintomas frequentemente estão reduzidos, levando a um falso diagnóstico de esquizofrenia.

Condições que podem mimetizar alterações da inteligência

As pseudo-oligofrenias mimetizam estados caracterizados por QI limítrofe.[102] As chamadas falhas parciais no desempenho incluem dificuldades peculiares na aprendizagem da leitura (dislexia), matemática (discalculia), ou escrita (disgrafia). Já no quadro conhecido como oligofrenia desarmônica, pacientes apresentam condutas em desacordo com suas capacidades intelectuais. Os "imprecisos" (ou "retardados de salão") são falastrões. Comportam-se de forma oposta à da maioria dos indivíduos com retardo mental: "sabem" muito, mas fazem pouco. Já os "pretensiosos" apresentam uma desproporção entre suas capacidades e suas aspirações. São sujeitos cujos dotes intelectuais seriam suficientes para levar uma vida simples ou até mesmo de destaque em algumas situações, mas quando pretendem mais que sua inteligência permite, tornam-se disfuncionais.

No infantilismo ou psicoinfantilismo, um tipo peculiar de imaturidade, observa-se a conservação de uma diversidade de traços infantis na ausência de retardo mental.[121] Embora algum grau de infantilidade seja observado em pacientes bipolares, esquizofrênicos, ou histriônicos, o comportamento infantilizado é a característica mais distintiva deste grupo de pacientes. Lindberg definiu como suas características centrais a ingenuidade e a dependência dos pacientes a figuras de autoridade, mais frequentemente mãe ou pai. Estes indivíduos podem ser incapazes de estabelecer amizades com pessoas da mesma idade ou posição social. Alguns desenvolvem até mesmo atração sexual por crianças e outras perversões sexuais. Segundo Bleuler, a história familiar pode ser positiva tanto para o retardo mental quanto para o próprio infantilismo.

44 Funções Mentais Específicas, Seus Sinais e Sintomas

No hipossomatotropismo reversível (síndrome de Kasper Hauser), os pacientes apresentam retardo no desenvolvimento psicomotor e relações familiares patológicas, caracterizadas por crueldade e negligência, além de comportamentos alimentares e sociais bizarros, como a alternância entre comer em uma lata de lixo e rejeitar comida na mesa, agressividade, assimbolia à dor, enurese e encoprese entre outros.[122] Outras causas de pseudo-oligofrenia incluem defeitos nos órgãos dos sentidos (surdez, mudez ou cegueira), transtornos psiquiátricos que afetam a atenção (como transtorno do déficit de atenção e o TAG), a confiança na atenção (TOC) e o interesse (depressão maior e esquizofrenia). Finalmente, a maturação tardia secundária a um desenvolvimento intelectual lento também deve ser citada.

A estupidez emocional inclui estados de impotência intelectual em razão de vivências afetivas intensas (catatimias).[102] Esta condição episódica ocorre durante exames, concursos e consultas médicas e deve ser diferenciada do sentimento de estupidez que costuma surgir em situações sociais (p. ex., exposição ao público), especialmente em indivíduos com ansiedade social. O sentimento de estupidez pode resultar em enorme incapacidade para o trabalho intelectual. O declínio da fecundidade intelectual é a incapacidade episódica para concentrar a atenção e produzir obras intelectuais factíveis em outras condições, frequentemente atribuível à depressão maior.[102] Finalmente, um QI acima da média tem sido descrito em pacientes com TOC,[123] embora haja dúvidas quanto à força desta associação.

MEMÓRIA

A memória é a capacidade de registrar, manter e evocar os fatos ocorridos.[124] O processo de memorização é dividido em três etapas:

1. A fixação, responsável pela captação de novas informações, é dependente da consciência e do estado geral do indivíduo, da atenção, da sensopercepção (e do número de canais sensoperceptivos recrutados), do interesse (afetividade), da inteligência (compreensão) e da distribuição harmônica e ritmada das informações a serem fixadas,.

2. A conservação, que se baseia na capacidade de manutenção dos elementos previamente fixados e depende da repetição e da associação a outros elementos previamente registrados.

3. A evocação, que é a capacidade de recuperar eventos anteriormente consolidados.[124]

Funções Mentais Específicas, Seus Sinais e Sintomas **45**

As memórias como um todo podem ser divididas em memórias a curto *vs.* a longo prazo (mCP *vs.* mLP), de fixação (ou registro) *vs.* de evocação (mREG *vs.* mEVO), anterógradas vs. retrógradas (mANT *vs.* mRET), recentes *vs.* remotas (mREC *vs.* mREM) e declarativas *vs.* não declarativas (mDEC *vs.* mnDEC).[125,126] A mCP envolve a recordação do material mnêmico imediatamente após sua apresentação. A mCP é limitada, comportando no máximo sete "pedaços" de informação/vez. Pode ser mantida por vários minutos, mas se perde a menos que seja sustentada por treinamento.[125] Por outro lado, a mLP envolve a recordação de informações após um intervalo durante o qual a atenção desvia-se para outro foco. Não existe consenso, no entanto, quanto ao momento exato em que a mCP torna-se mLP.[125]

A mREG é o processo pelo qual a informação é "estocada" sob a forma de uma representação mental, enquanto a mEVO é o processo que envolve o retorno da informação "estocada" para a consciência.[125] Se a memória for registrada adequadamente mas não puder ser evocada, o desempenho do indivíduo deverá ser ruim na recordação livre (*free recall*) e desproporcionalmente melhor em um teste do reconhecimento. Pacientes com problemas no registro têm um desempenho globalmente ruim, tanto na recordação livre e quanto no reconhecimento. Quando informações que ocorrem após ou antes da apresentação de material a ser lembrado interferem, negativamente, em sua recordação posterior, dizemos que houve interferência retroativa ou proativa, respectivamente.[125]

A mANT envolve a habilidade de recordar ou reconhecer informações ou eventos novos, enquanto a mRET envolve a habilidade de recordar informações ou eventos antigos.[125] O marco no tempo que diferencia um evento novo de um antigo é o momento em que o paciente passou a apresentar seus problemas de memória.[125] Estes conceitos (mANT e mRET) são de difícil aplicação em transtornos mnésicos de início insidioso, como a doença de Alzheimer e outras demências degenerativas, onde não é possível precisar o momento em que o quadro dismnésico se iniciou. Por outro lado, são mais facilmente aplicáveis no traumatismo cranioencefálico (TCE) ou na amnésia pós-eletroconvulsoterapia (ECT), onde o momento do início do problema é claro.

A mRET inclui os conceitos de mREC e mREM. A mREC refere-se a informações adquiridas imediatamente antes do início do trans-

46 Funções Mentais Específicas, Seus Sinais e Sintomas

torno mnésico, enquanto a mREM envolve eventos ou experiências adquiridas anos ou décadas antes do transtorno mnésico.[125] Pacientes com amnésia retrógrada podem demonstrar um gradiente temporal em que memória para eventos mais recentes se perdem com mais facilidade do que memórias para eventos mais tardios. Finalmente, a dissecção entre mDEC (explícita ou consciente) e mnDEC (implícita e inconsciente) é o modo mais útil de diferenciar as memórias. A mDEC envolve eventos (memória episódica) ou fatos (memória semântica) que são diretamente acessáveis pela consciência.[125] Por outro lado, a mnDEC compreende mudanças inconscientes no desempenho de tarefas atribuídas a exposições a informações prévias.

Disfunção na memória episódica

A memória episódica é uma memória consciente que se refere a eventos ocorridos em um momento particular da vida do indivíduo. Depende de estruturas temporais mediais (incluindo o hipocampo e a região para-hipocampal), o prosencéfalo basal (*i.e.*, o *septum* medial e a banda diagonal de Broca), o córtex retroesplênico, o *presubiculum*, o fórnix, os corpos mamilares, o trato mamilotalâmico e o núcleo anterior do tálamo.[127] Uma lesão em qualquer uma destas estruturas pode comprometer a memória episódica. Prejuízos da memória episódica costumam seguir a lei de Ribot, segundo a qual informações mais recentemente adquiridas, menos familiares e mais complexas são mais facilmente esquecidas.[124,127] Aqui, a amnésia anterógrada é mais grave, a retrógrada mais leve, e a remota inexistente.

O hipocampo é crítico para a memória episódica até que o processo conhecido como consolidação aconteça. Neste momento, ativa-se uma rede neural cortical mais ampla, de forma que as lembranças passam a depender menos do hipocampo, e mais de conexões córtico-corticais que incluem os lobos frontais.[127] Tanto a doença de Alzheimer quanto a depressão maior (pseudodemência depressiva) causam prejuízos da memória episódica, mas com fisiopatologias diferentes (*i.e.*, no hipocampo ou nos lobos frontais, respectivamente). Enquanto na doença de Alzheimer não é possível estocar informações novas (o que leva o indivíduo a perguntar 20 vezes a mesma coisa), na depressão o paciente não consegue evocar informações previamente estocadas.[127]

Funções Mentais Específicas, Seus Sinais e Sintomas   **47**

Uma disfunção dos lobos frontais pode causar também distorções graves da memória episódica, incluindo alomnésias e paramnésias (descritas adiante).[127]

A identificação e a diferenciação etiológica de transtornos da memória episódica requerem testes apropriados e a caracterização do modo de instalação e evolução da amnésia, respectivamente. Perguntas sobre informações pessoais como "Quando você se formou na escola?", "Onde você passou o seu último aniversário?" e "O que você comeu hoje no café da manhã?" podem ser feitas, desde que o entrevistador seja capaz de checar as veracidade das respostas.[73] Por outro lado é importante determinar se o prejuízo na memória tem um curso progressivo (p. ex., na doença de Alzheimer, na demência dos corpos de Lewy e na demência frontotemporal), estático (p. ex., lesões cerebrais traumáticas, isquêmicas, hipóxicas e cirúrgicas), por saltos (p. ex., na esclerose múltipla e na demência vascular) ou agudo (descrito adiante).[127]

São observados prejuízos da memória episódica de instalação aguda (amnésias lacunares) na amnésia global transitória (*i.e.*, episódios abruptos de amnésia de fixação associados a perguntas repetitivas que duram entre 4 e 6 horas); nas alterações da consciência ligadas à intoxicação alcoólica (p. ex., palimpsesto alcoólico), a crises epilépticas de diferentes natureza ou à hipoglicemia; e em acidentes vasculares encefálicos (envolvendo o território da artéria cerebral posterior), enxaquecas e transtornos dissociativos (amnésia dissociativa) entre outros.[73] Já na amnésia seletiva, o paciente é incapaz de se lembrar de algum detalhe específico de um evento, no mais das vezes traumático (como no TEPT).[101]

A memória de trabalho, um tipo de mDEC, é a capacidade de manter e manipular informações temporariamente na mente em prol de um objetivo.[126,127] A memória de trabalho envolve funções executivas responsáveis pela alocação de atenção na tarefa, processamento fonológico necessário para manter, por exemplo, um número de telefone "na mente" e habilidades espaciais fundamentais para seguir um caminho mentalmente.[127] Como a memória de trabalho depende de redes neurais espalhadas por todo o cérebro (incluindo regiões frontais, parietais e subcorticais), a maioria dos transtornos cerebrais (neurológicos e psiquiátricos) interfere na memória de trabalho.[127] A avaliação da memória de trabalho é semelhante à avaliação da memória episódica.

48 Funções Mentais Específicas, Seus Sinais e Sintomas

Disfunção da memória semântica

A memória semântica refere-se ao repertório de conceitos e fatos (como para que servem os talheres ou quem descobriu o Brasil) que não são atribuíveis a um momento específico no tempo.[127] A principal causa de comprometimento da memória semântica é a doença de Alzheimer, embora nesta última também seja observado um declínio associado da memória episódica.[127] No entanto, qualquer doença que comprometa os lobos temporais anteriores ou inferolaterais pode levar a um prejuízo da memória semântica, incluindo lesões cerebrais traumáticas, vasculares, cirúrgicas e tumorais entre outras. Tipicamente, a demência semântica não compromete a memória episódica. Outrossim, é necessário diferenciar o declínio da memória semântica de esquecimentos de nomes próprios característicos de idosos normais.

Quando se suspeita de uma disfunção da memória semântica, uma série de avaliações adicionais aos testes de memória episódica deve ser utilizada, incluindo, por exemplo, nomeações ("O que é isso?"), definições ("Para que serve?"), testes de fluência verbal (p. ex., "Fale o número máximo de animais em um minuto") e perguntas sobre figuras (p. ex., "Existe álcool nesta garrafa?", ao mostrar a foto de uma garrafa de vinho).[127] Enquanto indivíduos com problemas mais graves na memória semântica não conseguem nomear itens que lhes são apresentados ou descrever itens que são nomeados, pacientes com disfunções semânticas leves podem apresentar apenas uma redução no número de palavras geradas em uma categoria (p. ex., animais) no período de um minuto.

Disfunção da memória não declarativa

A memória não declarativa inclui a memória de procedimentos, algumas formas de condicionamento clássico e o *priming*.[125,127] Procedimentos são habilidades aprendidas e utilizadas por um indivíduo para funcionar de forma mais efetiva no mundo (p. ex., andar de bicicleta). A memória de procedimentos envolve o processo de recordação da informação que subjaz essa habilidade, mediada pelos circuitos corticoestriatais. Pacientes com demências que não envolvem os sistemas corticoestriatais demonstram uma capacidade intacta de aprender novas habilidades, independentemente da lembrança consciente desta atividade. Por outro lado, pacientes com demências subcorticais (p. ex.,

Funções Mentais Específicas, Seus Sinais e Sintomas 49

doença de Parkinson) são incapazes de aprender novas habilidades apesar de apresentarem uma memória declarativa normal.[125]

No paradigma de condicionamento clássico, um estímulo (não condicionado) que produz naturalmente uma resposta (não condicionada) é pareado repetidamente com estímulo neutro (condicionado), que passa então a resultar na mesma resposta prévia (agora condicionada). Já no *priming*, uma exposição a um estímulo perceptual prévio facilita, inconsciente e temporariamente, a capacidade de identificar esse estímulo exibido em seguida. Esta facilitação pode ser detectada, por exemplo, por um teste de tempo de reação implícito. A exemplo da memória para procedimentos, o condicionamento clássico e o *priming* encontram-se comprometidos em pacientes com transtornos que acometem os núcleos da base.[125]

Hipermnésias

A hipermnésia inclui a hipertrofia das memórias de fixação ou a curto prazo observada em pacientes com autismo ou retardo mental (*idiot savants*).[101] Já o incremento da memória remota, de evocação ou a longo prazo é descrita nas hipermnésias hipnóticas (induzidas por hipnose), na recordação obsidente, ideia fixa ou hipermnésia ideativa (observada no TOC), na ecmnésia ou memória panorâmica (descrita nas experiências de quase morte, nos comportamentos regressivos de origem dissociativa e nas crises parciais complexas, quando se alterna com a criptomnésia) e na acromnésia (*i.e.*, ressurgimento súbito, vívido e detalhado de recordações autobiográficas).[92,101,128,129] A hipermnésia pode ser tanto lacunar (em pacientes capazes de descrever o dia e a hora em que apresentaram um ataque do pânico) quanto seletiva (nos *flashbacks* do TEPT). A hipertimesia (possivelmente ligada ao TOC) é uma memória autobiográfica superior que permite ao indivíduo se lembrar com detalhes da grande maioria das experiências pessoais e eventos em sua vida, mundanos ou não.[130,131]

Alterações qualitativas da memória

As alterações mnêmicas de natureza qualitativa incluem a distorção de memórias genuínas ou a criação de fenômenos que as mimetizam. Na criptomnésia observa-se uma perda das qualidades das lembranças, que

50   Funções Mentais Específicas, Seus Sinais e Sintomas

surgem como fatos inteiramente novos.[5] Nas alomnésias ou ilusões de memória, há o acréscimo de elementos falsos a um núcleo verdadeiro de memória.[124] São observadas na esquizofrenia e nos transtornos do humor, dissociativos e de personalidade.[124] As paramnésias ou alucinações de memória são elementos inteiramente novos (como fábulas, delírios ou fenômenos correlatos) que emulam memórias reais. São classificadas como confabulatórias (ou "de embaraço"), fantásticas ou reduplicativas.

Nas paramnésias confabulatórias, produtos da imaginação preenchem déficits de memória em indivíduos altamente sugestionáveis.[92] São chamadas de paramnésias de "embaraço", pois o examinador pode levar o paciente à contradição e ao constrangimento com extrema facilidade.[124] A confabulação é observada na síndrome de Korsakoff, juntamente com a desorientação temporoespacial.[92] Já as paramnésias fantásticas incluem delírios sobre eventos fantásticos que jamais aconteceram. Correspondem ao "pensamento pictorial" (imaginativo) de Leonhard.[53] Diferenciam-se das paramnésias confabulatórias por serem fixas, como delírios genuínos, e nunca induzidas ou direcionadas. Ocorrem na esquizofrenia e na parafrenia.

Na paramnésia reduplicativa, fenômeno semelhante à bilocação, o indivíduo acredita que os locais, as pessoas, ou os eventos foram duplicados.[132] Por exemplo, o paciente pode crer que um mesmo local tem dois nomes diferentes, que os dois locais são contíguos, ou que ele fez uma viagem recente de um local para o outro. Está associada a lesões de hemisfério direito ou dos lobos frontais, bilateralmente.[132] É um sintoma frequente no período de recuperação das encefalopatias póstraumáticas, mas também é observado em indivíduos com tumores, infartos cerebrais, malformações arteriovenosas e encefalopatias tóxicas e metabólicas.[132] A paramnésia reduplicativa implica na existência concomitante de uma desorientação espacial.

PENSAMENTO

Embora a tradição aristotélica descreva conceitos, juízos e raciocínios como elementos constituintes do pensamento, a psicopatologia descritiva consagrou o curso, a forma e o conteúdo do pensamento como as principais características a serem investigadas em um paciente psiquiátrico. Neste capítulo, vamos utilizar a terminologia aristotélica e nos referir ao curso e a forma do raciocínio por acreditar que este último termo engloba a expressão mais complexa do pensar, aquela que permite uma análise mais precisa e efetiva da velocidade, da progressão e dos aspectos formais do pensamento. Considerando que a psicopatologia prioriza o estudo da forma em relação ao conteúdo, o estudo do conteúdo do pensamento será abordado apenas de forma periférica.

Conceitos

Em lógica, considera-se o conceito a representação mental dos caracteres essenciais de um objeto. Por intermédio dos conceitos apreendemos o significado das coisas. Um conceito é composto por dois componentes distintos e inversamente proporcionais, denotados pelos termos extensão e "intensão" (com a letra S).[133] A extensão (ou esfera) refere-se à quantidade externa do conceito, determinada pelos objetos aos quais o conceito pode ser aplicado. Por exemplo, os conceitos homem, cavalo e cachorro são contidos pelo conceito mais global animal. A "intensão" (ou profundidade) descreve a quantidade interna de um conceito. Por exemplo o conceito de homem é composto de dois atributos, *i.e.*, animal e racional.[133]

Ao processo de formação dos conceitos denominamos ideação, enquanto que por imaginação entendemos a capacidade de conceber, combinar e produzir imagens.[92] A passagem da imagem ao conceito se faz pela abstração (eliminação dos caracteres concretos da sensorialidade) e da generalização.[134] Em todo momento é possível ao conceito retornar à imagem que ele abarca.[135] A ideação permite ao homem captar o sentido dos conceitos através da palavra (linguagem).[135] Em contrapartida, a ideação se contrapõe à intuição, que ignora abstração e a generalização no caminho da imagem ao conceito. Não é surpreendente, portanto, que existam diferenças abissais entre as pessoas segundo a distância que reina entre a ideações e as intuições.

Em pacientes com retardo mental, muitos conceitos mais elevados nem chegam a se formar.[135] Em contrapartida, e ao lado daqueles que cujos conceitos são alijados de intuição (p. ex., transtornos de personalidade obsessivo-compulsivo), existem outros indivíduos cujos conceitos, apesar de sua adequação, possuem um componente intuitivo mui-

52 Funções Mentais Específicas, Seus Sinais e Sintomas

to significativo (p. ex., transtorno de personalidade esquizotípico).[135] Os conceitos podem sofrer condensações (que correspondem, no plano da linguagem, aos neologismos; p. ex., os conceitos de barco à vela e barco a vapor se unem de forma a criar o neologismo "vela a vapor") e desintegrações ou metonímias (p. ex., um paciente de Bleuler chamava sua inteligência de duplo politécnico). Delgado chama de atribuição de significados adventícios à duplicação ou troca caprichosa do sentido de um conceito (p. ex., "violento significaria ver lento").[102]

Os conceitos também podem sofrer transformações das relações entre si estabelecidas antes da enfermidade.[5,134] O emprego de palavras comuns com um sentido completamente novo pode contribuir para a perda das relações conceituais, resultando naquilo que conhecemos, em um nível mais amplo, como "desagregação do pensamento". A transformação das relações conceituais pode ser identificada por testes utilizados habitualmente para avaliação da inteligência, como o teste das analogias. Por exemplo, ao responder à pergunta "O passarinho está para a gaiola, assim como o homem está para o quê?", um paciente de Isaías Paím asseverou: "Não estou bem ausente destas palavras. Para cumprir uma ordem isso é um aspecto de menor esforço".[134] Alterações dos conceitos podem ocorrer na esquizofrenia e no retardo mental.

Juízos

Por juízos entendemos a síntese mental que permite chegar a relações entre diferentes conceitos.[134,136] O ato de ajuizar é proporcionado pelas resistências e contradições que o indivíduo encontra no mundo.[117] Portanto, o juízo é um produto da consciência reflexiva que permite uma autoadequação do pensamento à realidade.[117] Embora o juízo predicativo clássico se constitua de três elementos básicos (sujeito, verbo e predicado), outras formas de juízos podem não ser formuladas sob a forma da proposição (como os juízos interrogativos, optativos, imperativos entre outros).[92] Em suma, os juízos são quase sempre afirmações ou negações, sejam elas falsas ou verdadeiras. A crença que temos na validade de nossos juízos pode ser espontânea ou, ao contrário, voluntária (p. ex., *wishful thinking*).

Os juízos falsos podem ser não patológicos (erros simples), quando formados com base em insuficiências de informações ou com base em pressu-

Funções Mentais Específicas, Seus Sinais e Sintomas **53**

postos não verdadeiros (erros gnoseológicos)[137]. O erro simples se desenvolve no plano dos fenômenos compreensíveis pois depende fundamentalmente da ignorância. Quando os erros estão condicionados essencialmente por fundamentos afetivos (como, por exemplo, no curandeirismo) não podem ser classificados como erros simples, sendo mais bem descritos como prejuízos (ou preconceitos), juízos culturalmente sancionados, juízos supersticiosos ou juízos deliroides ou supervalorizados.

Prejuízos

Os indivíduos com prejuízos (erros fixos e consolidados), contrariamente ao que ocorre com os erros simples, apegam-se a suas crenças, ainda que para outras pessoas esteja claro que os pressupostos em que se baseiam são falsos.[112] Para Störring,[112] as raízes do prejuízo se encontram em atitudes básicas de caráter impulsivo e sentimental que, frequentemente, não são conscientes para o indivíduo (os denominados "complexos"). Em decorrência deles, os prejuízos se acham subtraídos em grande parte de uma reflexão crítica e não podem, portanto, ser corrigidos. Como exemplo podemos citar o racismo, o sexismo, o etnocentrismo e o preconceito de gênero, classe e religião.[124]

Juízos culturalmente determinados

Os juízos culturalmente determinados são crenças compartilhadas por um grupo cultural religioso, político, étnico, ou místico entre outros.[124] Embora essas crenças não sejam consideradas necessariamente patológicas, é importante considerar que membros de grupos culturais específicos, assim como indivíduos que não pertencem a tais grupos, podem desenvolver quadros psicóticos e delirar com uma temática "recheada" por assuntos culturalmente determinados. Neste caso, o diagnóstico pode ser muito complexo, especialmente em pacientes com transtornos de personalidade específicos (p. ex., esquizotípicos), que vivem em sociedades alternativas e encontram-se sabidamente sob risco elevado de desenvolver quadros delirantes.

Superstições

As superstições são também crenças culturalmente sancionadas.[124] São determinadas por fatores afetivos, como desejos e temores entre outros.

54 Funções Mentais Específicas, Seus Sinais e Sintomas

Numerosas superstições se iniciam na infância (p. ex., não passar embaixo de escadas, pisar somente em um calçamento de uma cor específica ou se benzer ao passar em frente a uma igreja sob pena de ter má sorte). Embora alguns autores tenham dedicado um espaço substancial de suas obras na tentativa de diferenciar as superstições de delírios,[112] atualmente as superstições tendem a ser consideradas sintomas obsessivo-compulsivos. À semelhança das crenças obsessivas, portanto, estes fenômenos podem ser considerados patológicos ou não, com base em sua gravidade.

Juízos suspensos

Diante de situações supostamente ambíguas ou incertas, pacientes com TOC podem apresentar uma dúvida paralisante que resulta na suspensão da capacidade de julgar ou ajuizar. Por exemplo, impossibilitado de afirmar que não se contaminará, um paciente pode passar a não apertar a mão de outras pessoas. De fato, uma característica dos pacientes que padecem de um pensamento obsessivo é a coexistência entre esta suspensão do juízo e a crença no absurdo de seus sintomas (ou seja, *insight* preservado). Em algumas situações, no entanto, este mesmo paciente em estado de dúvida patológica (evidente através de rituais de lavagens e checagens) acredita com 100% de certeza que seus medos e receios são reais.

Juízos deficientes

Os juízos deficientes são também juízos falsos e patológicos que podem ser classificados como insuficientes (no retardo mental), debilitados (nas demências) ou confusionais (no *delirium*).[136] Os juízos deficientes resultam de déficits cognitivos, sejam eles no âmbito da inteligência ou da atenção/consciência. Esta modalidade de juízo pode ser de difícil diferenciação de juízos delirantes, especialmente em indivíduos com prejuízo cognitivo congênito (retardo mental) ou adquirido (demência ou *delirium*) associados a uma crença culturalmente sancionada, como aquela observada em fanáticos religiosos comuns em nosso meio. Nestes casos, Miranda-Sá Jr. lança mão da irredutibilidade característica dos delírios primários ante à argumentação e à experiência.[2]

Juízos delirantes

O delírio é um juízo falso patológico incorrigível que não está de acordo com as origens social e cultural do paciente[120] e que, segundo Jaspers, se caracterizaria por (i) convicção extraordinária e certeza subjeti-

Funções Mentais Específicas, Seus Sinais e Sintomas   55

va, (ii) ininfluenciabilidade pela experiência ou evidências empíricas e (iii) impossibilidade do conteúdo.[110] Como muitas vezes é difícil distinguir realidade de ficção, o critério (iii), proposto por Jaspers, não resiste a uma avaliação crítica mais detalhada, já que delírios *cum materia* podem e são observados com certa frequência na prática clínica.[128] Segundo Jaspers,[110] as chamadas ideias deliroides ou supervalorizadas podem apresentar os critérios supracitados (também chamados de externos), mas não as características "internas" de um delírio primário esquizofrênico.

Os delírios primários apresentam características que o distinguem de outros tipos de juízos patológicos, como as ideias deliroides e supervalorizadas.[110] Os delírios primários (i) são fenômenos diretos e imediatos (*i.e.*, pré-reflexivos), (ii) possuem duas partes, de forma que o paciente atribui um conteúdo novo e incompreensível (delirante) a uma intuição (na cognição delirante), a uma percepção (na percepção delirante) ou a uma memória (na representação delirante), (iii) são psicologicamente irredutíveis (não emergem compreensivelmente a partir de outros fenômenos psíquicos, como ideias, crenças e emoções), e não são explicáveis pelas ciências naturais por não apresentarem base corporal reconhecível e (iv) implicam em uma mudança na personalidade.[110,128]

Note que o conceito de personalidade aqui não é aquele utilizado nos dias de hoje. Por personalidade, Jaspers se referia à "totalidade das relações compreensíveis".[110] Ao se infiltrar na personalidade do indivíduo, o delírio primário obrigaria os sentidos e significados preexistentes a se modificarem em função dos novos significados delirantes, alterando a personalidade de forma irreversível.[128] O delírio primário, que é processual (vide Quadro 1-1), é dificilmente observado na prática clínica, já que se manifesta principalmente nos estágios iniciais da esquizofrenia.[128] Isto não quer dizer que o paciente esquizofrênico deixe de delirar, somente que, *a posteriori*, e através daquilo que o próprio Jaspers denominou "trabalho delirante", se desenvolvem outros tipos de delírios (no caso, secundários).[110,128]

Quando o médico detecta um quadro delirante já constituído, provavelmente já é tarde demais, e não é mais possível determinar as características internas do delírio processual.[128] Portanto, nem toda ideia delirante que surge em um paciente com esquizofrenia deve ser chamada de processual e primária. Por exemplo, a ideia de um esquizo-

56 Funções Mentais Específicas, Seus Sinais e Sintomas

frênico que diz que tem um *chip* implantado em seu cérebro pode ser entendida como deliroide se for compreensível a partir de elaborações psicopatológicas prévias, como alucinações auditivas e cenestésicas, roubo e inserção do pensamento, delírios primários etc.[128] O "inflar" de um delírio depende da predisposição endógena (necessidade de delírio) e de uma sobrecarga de acontecimentos penosos que desequilibram a personalidade.[16] Os temas (conteúdos) dos delírios são múltiplos. Abrangem os interesses, afetos e temores do homem.[16] Embora relevantes para o diagnóstico, a psicopatologia tende a favorecer a forma mais do que o conteúdo dos sintomas. Os delírios podem apresentar temática paranoide, maníaca ou depressiva.[92] As temáticas de retração do eu (paranoides) englobam a perseguição, o prejuízo (autorreferência), a influência e a possessão. Delírios de conteúdo maníaco incluem temática genealógica, mística, erótica e de invenção ou reforma. Já delírios depressivos podem-se expressar na esfera somática (incluindo os delírios hipocondríacos e de transformação e inexistência dos órgãos) ou na esfera psíquica, seja ela moral ou social (como os delírios de autoacusação, culpa e ruína).[92]

Segundo Leme Lopes,[16] o clínico deve ser cuidadoso na tentativa de distinguir "delírios" de temática espiritual (chamadas também encostos e "obsessões"), originados culturalmente pela frequência a centros kardecistas ou a terreiros de candomblés e umbandas, de formações delirantes mais profundas e estruturadas. Os chamados encostos ou "obsessões" (na acepção cultural do termo) não são determinados por ideias delirantes primárias, mas por simples sugestão, desaparecendo com a saída daqueles que apresentam estes fenômenos dos centros "indutores". Muito apropriadamente, Leme Lopes observa que "outras vezes, em um núcleo delirante primário se enxertam reações deliroides ("deliriformes") induzidas por sugestão pessoal ou ambiental (participação em sessões de mesa ou terreiro)".

Ao longo dos anos, várias foram adaptações do conceito de delírio primário de Jaspers. Por exemplo, Schneider considerou a percepção delirante como a assinatura diagnóstica da esquizofrenia.[138] Outros conceitos foram posteriormente introduzidos por Conrad ("Apofania"),[139] Matussek ("perda da coerência da percepção"),[140] Gruhle ("acontecimento ou vivência de significação").[141] Mais recentemente, tem surgido a ideia de que o delírio varia ao longo de um *continuum* e

Funções Mentais Específicas, Seus Sinais e Sintomas **57**

não é um fenômeno "tudo ou nada", sendo até mesmo observado na população em geral.[142] De fato, qualquer clínico tem contato diário com pacientes esquizofrênicos em quadros delirantes "parciais", sejam eles iniciais ou após o uso de medicamentos.

Juízos deliroides

Os delírios secundários ou ideias deliroides são (i) fenômenos compreensíveis, que emergem a partir de outros fenômenos psíquicos e não resultam em mudanças irreversíveis na personalidade, aqui concebidas como "totalidade das relações compreensíveis", p. ex., delírios de ruína na depressão, delírios de grandeza na mania e delírios paranoides no transtorno de personalidade paranoide, ou (ii) fenômenos explicáveis pelas ciências naturais pela presença de um processo mórbido orgânico-cerebral subjacente, p. ex., delírios na neurossífilis ou paralisia geral progressiva.[110,128] Nas chamadas interpretações delirantes (ou melhor, deliroides), frequentemente confundidas com percepções delirantes, a significação é sempre compreensível e dada *a posteriori*, e nunca de forma coetânea às percepções.

Ideias supervalorizadas

As ideias sobrevalorizadas (ou ideias errôneas por superestimação afetiva)[92] representam uma variedade das ideias deliroides e correspondem, no mais das vezes, a fenômenos que polarizam a vida do indivíduo em uma determinada direção, afetando sua conduta. As ideias supervalorizadas chegam a "fazer vacilar a consciência de realidade".[135] São chamadas, também, de "ideias delirantes móveis" já que os pacientes que as apresentam ora acreditam que seus temores se confirmaram, ora duvidam de novo.[135] Podem ser determinadas por estados de humor, preocupações de momento, "complexos" e conflitos emocionais, ou emergir de meras coincidências.[92] Incluem obsessões associadas à crítica (*insight*) pobre no TOC, crenças dismórficas no transtorno dismórfico corporal e nos transtornos alimentares e preconceitos de diversas naturezas em fanáticos.

Raciocínio

Por raciocínio, entendemos o encadeamento entre diferentes juízos.[134] O raciocínio é impulsionado por uma força diretriz ou tendência determinante que seleciona, filtra e orienta seus conteúdos ideativos, reunindo-os em torno de um tema com uma finalidade ou intenção.[92] Em sua

58 Funções Mentais Específicas, Seus Sinais e Sintomas

forma superior, o pensamento é um ato reflexivo, uma série lógica entre juízos que se articulam de forma harmônica. Dois tipos principais de raciocínio são descritos, o indutivo (que parte do particular para o geral) e o dedutivo (que parte do geral para o particular). O raciocínio indutivo é próprio do campo das ciências físicas e naturais, enquanto o dedutivo é o fundamento das ciências matemáticas. O raciocínio (ou pensamento propriamente dito) pode ser estudado quanto ao seu curso, sua forma e seu controle.

Alterações do curso do raciocínio

Dentre os distúrbios do curso do raciocínio, estudamos todos aqueles sintomas que afetam a progressão natural do pensamento, especialmente no que diz respeito à velocidade com que juízos e imagens são produzidos ou reproduzidos. O curso do raciocínio pode-se encontrar acelerado (taquipsíquico) na mania ou na hipomania, quando costuma ser acompanhado de pressão da fala ou logorreia. Dizemos que o pensamento se encontra alentecido (bradipsíquico) quando flui de maneira vagarosa. O bradipsiquismo associa-se a um aumento no tempo de resposta. É observado principalmente na depressão. Quando o raciocínio sofre uma interrupção brusca, especialmente na esquizofrenia, dizemos ter havido um bloqueio (*Sperrung*).[134] O chamado pseudobloqueio (o famoso "branco") é um sintoma do TAG.[143]

Alterações da posse e do controle do raciocínio

Normalmente o indivíduo mentalmente são experimenta o próprio pensamento como sendo seu, embora essa sensação de posse não assuma um primeiro plano no seu campo de sua consciência. Da mesma maneira, todos temos a sensação de que temos nossos juízos e raciocínios sob controle. O controle (mas não a posse) do pensamento encontra-se comprometido na experiência de obsessões em indivíduos com TOC e nas preocupações excessivas de pacientes com TAG. Por outro lado, em situações mais graves, pacientes com esquizofrenia podem perder tanto o controle quanto o sentimento de posse sobre o próprio pensamento, como na vivência de que os pensamentos estão sob influência de uma força externa (síndrome de ação exterior).[120]

Funções Mentais Específicas, Seus Sinais e Sintomas **59**

Alterações da forma do raciocínio

Podem-se observar diversas alterações da forma do pensamento em diferentes grupos de enfermidades.[124] Por exemplo, na esquizofrenia o pensamento pode ser descarrilado (por tombar para um juízo subsidiário sem relação ao pensamento anterior), fundido (por literalmente "entrelaçar" conteúdos de dois ou mais pensamentos), desagregado (por misturar de forma desorganizada fragmentos de pensamentos heterogêneos) e empobrecido ou alógico (por ser impreciso, vago ou pouco claro).[143] Alguns pacientes com esquizofrenia podem apresentar o fenômeno de lotação de pensamentos, *i.e.*, a experiência de que os pensamentos estão sendo comprimidos em sua cabeça por uma força externa.[1] Este fenômeno assemelha-se à fuga de ideias de pacientes em mania (descrita a seguir).

Nos transtornos do humor podem-se encontrar o pensamento inibido (associado ao bradipsiquismo, na depressão), o pensamento tangencial (que segue por caminhos diferentes do inicial, acaba se perdendo e nunca chega a um objetivo final) e a fuga de ideias (uma forma grave de pensamento tangencial). O pensamento tangencial e a fuga de ideias são observados na hipomania e na mania, respectivamente. Quando a fuga de ideias é grave, pode beirar o pensamento incoerente. Na fuga de ideias, os juízos podem associar-se segundo assonância (semelhança sonora das palavras), semelhança física dos conceitos ou contiguidade no campo perceptivo do doente. A fuga de ideias pode ser falada ou apenas pensada, particularmente quando observada no estupor maníaco.[136] Chamamos de ideias parasitas os juízos colaterais que comprometem a clareza e a unidade do raciocínio durante a fuga de ideias.[92]

Nas pararrespostas ou respostas aproximadas (*vorbeireden*), os pacientes aparentam não conseguir responder adequadamente a mais elementar das perguntas, embora pareçam ter entendido seu significado. Por exemplo, ao perguntarmos a um paciente quantas patas têm um cachorro, podemos obter "cinco" como resposta. A este quadro, originalmente observado em três presos, Sigbert Ganser (1897) chamou de psicose carcerária. Um sintoma semelhante (pensamento escamoteado) é observado em indivíduos, normais ou não, que buscam evitar determinados assuntos indesejáveis em uma conversa com um entrevistador.[144] Alguns pacientes podem escamotear seus sintomas para evitar tratamento médico.

60 Funções Mentais Específicas, Seus Sinais e Sintomas

O pensamento típico de pacientes com transtornos cognitivos de diferentes espécies pode ser concreto (pobre em abstrações, no retardo mental), demencial (concreto, mas com bom vocabulário, nas demências), confusional (incoerente, com associações catatímicas, no *delirium*) ou circunstancial (*i.e.*, que adota caminhos alternativos mais longos até chegar ao objetivo final, na epilepsia). Chamamos de ideias fixas (ou recordações obsidentes[92]) aquelas que, apesar de sujeitas ao controle voluntário, persistem na consciência. Incluem a lembrança de alguém, de um objeto ou de uma situação.[2] Podem ser observadas em pacientes com transtorno de personalidade paranoide ou outras condições predispostas ao ressentimento e ao rancor.

Por transtornos regressivos da forma de pensar entendemos aqueles que expressam uma forma de pensar dos tipos primitivo e infantil.[94] O pensamento mágico-arcaico, típico de certos povos e tribos selvagens, segue as leis de semelhança ou da proximidade, ou seja, se duas coisas são semelhantes ou próximas, elas compartilham suas características. Um exemplo é o juízo (ou raciocínio) de que é possível matar uma pessoa espetando agulhas em um boneco de vodu. No TOC e condições aparentadas (p. ex., transtorno de personalidade obsessivo-compulsivo) são observados não apenas o conhecido pensamento mágico, mas também o pensamento prolixo ou minucioso (rico em detalhes). A imaginação, tratada em capítulo próprio, caracteriza o pensamento fantástico.

LINGUAGEM

A linguagem, *i.e.*, a comunicação através de símbolos, ajuda a criar e organizar a fábrica da consciência humana.[73] Encontra-se intimamente intrincada ao pensamento, com quem se relaciona de diferentes formas, *i.e.*, a linguagem não é apenas utilizada para expressá-lo, mas também para desenvolvê-lo[145]. Já nos anos de 1930, os linguistas Edward Sapir e Benjamin Lee Whorf sugeriram que indivíduos que falavam diferentes línguas pensavam de diferentes formas sobre, por exemplo, espaço e tempo.[145]

No entanto, apesar de uma considerável área de sobreposição, devemos considerar linguagem e pensamento fenômenos essencialmente diferentes: pacientes com afasia (distúrbio da linguagem) costumam se irritar diante de sua incapacidade de expressar pensamentos claramente formulados em suas mentes.[146] De maneira semelhante,

Funções Mentais Específicas, Seus Sinais e Sintomas **61**

pacientes com diferentes distúrbios do pensamento podem apresentar um uso intacto dos diferentes símbolos verbais. As alterações da linguagem dividem-se em alterações primárias (*i.e.*, afasias, alexias e agrafias) e secundárias a distúrbios em outras funções mentais, como pensamento (*i.e.*, esquizofasia) e vontade (maneirismo).

Alterações da linguagem

As afasias ou disfasias incluem as afasias motoras, sensitivas, globais, transcorticais (motoras e sensitivas) e de condução.[73] Enquanto as afasias motoras caracterizam-se por fala agramatical e telegráfica, além da preservação da compreensão, nas afasias sensitivas são observados o comprometimento da compreensão, fala desprovida de conteúdo e repleta de parafasias, além da ausência de crítica (jargonofasia ou afasia de jargão). Tanto na afasia motora quanto na sensitiva, a capacidade de repetir sentenças fornecidas pelo examinador está comprometida. A afasia global combina características da afasia motora e da sensitiva. As afasias transcorticais motora e sensitiva são semelhantes às afasias motora e sensitiva, respectivamente, mas acompanhadas da capacidade de repetição preservada. A afasia de condução caracteriza-se, única e exclusivamente, por uma incapacidade de repetir sentenças.

As parafasias, sintomas das afasias, envolvem a substituição equivocada de sílabas ou palavras.[73] Podem ser literais ou fonológicas, quando consistem na adição, omissão, substituição ou deslocamento de um fonema (p. ex., a substituição da palavra faca por paca), neologísticas, quando há substituição de uma palavra por outra não relacionada (p. ex., troca de faca por um palavrão) ou verbais, quando há substituição de uma palavra (p. ex., faca) por outra que guarda com a palavra substituída alguma relação semântica (p. ex., colher) ou remota (p. ex., cozinha). Frequentemente, parafasias verbais, neologísticas e fonêmicas são encontradas em pacientes com afasias sensitivas, assim como parafasias fonêmicas em indivíduos com afasias de condução.[73] Eventualmente, parafasias fonêmicas são observadas nas afasias motoras.[73]

A esquizofasia foi uma expressão criada por Kraepelin para designar uma alteração da expressão verbal, observada em pacientes com esquizofrenia que se mostravam confusos e incoerentes, sem que existissem alterações graves do comportamento.[134] Em sua forma extrema,

62 Funções Mentais Específicas, Seus Sinais e Sintomas

apresenta-se como uma verdadeira salada de palavras em que o enfermo emprega neologismos e palavras conhecidas com sentido desfigurado, tornando o seu discurso inteiramente incompreensível. A esquizografia é a esquizofasia manifestada em textos.[147] Até que ponto a esquizofasia pode ser atribuída a um distúrbio do pensamento? Como vimos, pensamento e linguagem são intimamente conectados, o que poderia sugerir que o conceito de esquizofasia deveria ser abandonado em favor do conceito consagrado de transtorno formal do pensamento. No entanto, enquanto o transtorno do pensamento na esquizofrenia pode ser explicado por uma desorganização subjacente aos processos do pensamento, a esquizofasia é constituída por diversos sintomas afasia-*like*,[148] incluindo déficits no processamento semântico,[149] sintáxico[148,149] e gramatical.[150] Por exemplo, os neologismos (*i.e.*, palavras novas com significados específicos), as metonímias (*i.e.*, palavras velhas com novos significados) e as palavras de "estoque" (*i.e.*, palavras utilizadas de forma idiossincrásica com o objetivo de cobrir diferentes significados) podem ser atribuídos a problemas no campo semântico.[1] Por outro lado, as simplificações (redução no repertório de palavras utilizadas) podem ser imputadas a dificuldades sintáticas.[148] Finalmente, o agramatismo ("telegramês") e o paragramatismo ou a salada de palavras (*i.e.*, uma massa de orações gramaticais que não fazem sentido e impedem a conclusão do raciocínio) podem resultar de problemas no campo gramatical.[1]

Uma série de estudos sugere que pacientes com esquizofrenia apresentam distúrbios da linguagem que são muito semelhantes àqueles encontrados na afasia sensitiva. Por exemplo, ambos os diagnósticos estão associados a sintomas paranoides, ausência de crítica, fala fluente, pobreza de conteúdo, preservação fonológica, neologismos, perseverações, incoerência e comprometimento dos aspectos pragmáticos do discurso.[132] No entanto, a linguagem de pacientes com esquizofrenia se caracteriza por respostas mais longas, menor engajamento na conversa, menor importância dada às respostas do examinador, conteúdo empobrecido, restrito e bizarro, comprometimento da prosódia e neologismos menos frequentes e, geralmente, de significado fixo (na afasia sensitiva, pacientes raramente repetem os neologismos).[132] Além disso, ao contrário de pacientes com afasia, pacientes com esquizofrenia demonstram preservação da capacidade de compreensão, repetição, nomeação e leitura.[132]

O valor diagnóstico de elementos encontrados na esquizofasia e, por extensão, no pensamento esquizofrênico (p. ex., o chamado "afrouxamento dos nexos associativos") foi questionado em um importante estudo de autoria de Andreasen *et al.*[151] Neste estudo, diferentes tipos de alterações de pensamento, linguagem e comunicação foram avaliados em 113 pacientes com diagnósticos de mania, depressão e esquizofrenia. Surpreendentemente, o "afrouxamento dos laços associativos" foi observado tanto na esquizofrenia quanto na mania. Além disso, algumas alterações (neologismos e bloqueios) foram consideradas tão infrequentes a ponto de possuir pouco valor diagnóstico. Não sabemos dizer, no entanto, se os examinadores norte-americanos foram capazes de notar as diversas nuances que caracterizam estes diferentes distúrbios do pensamento.[151]

As alterações no âmbito da leitura correspondem a nosologias completamente diferentes entre si. A alexia, abolição da capacidade de compreender a linguagem escrita, é habitualmente um fenômeno resultante de lesão cerebral grosseira (daí ser chamada também de "dislexia" adquirida). As alexias são classificadas em três tipos nucleares, *i.e.*, alexia sem agrafia (localização posterior, também chamada de cegueira "pura" para palavras), alexia com agrafia (localização central, consistindo em cegueira para palavras e letras) e alexia frontal (localização anterior, consistindo em cegueira "pura" para letras).[152]

Por outro lado, a dislexia propriamente dita é uma alteração do neurodesenvolvimento tratada como transtorno independente e caracterizada por dificuldades no reconhecimento preciso e fluente de palavras e na ortografia, apesar de instrução adequada e de habilidades sensoriais e de compreensão intactas.[153] Já a hiperlexia, fenômeno observado em pacientes com transtornos invasivos do desenvolvimento, retardo mental e síndrome de Tourette entre outros, é uma hipertrofia da capacidade de ler, que se revela desproporcionalmente maior do que a que a capacidade de entender o que está escrito e mesmo do que a capacidade cognitiva global.[154]

A psicopatologia da escrita inclui a disgrafia, a hipergrafia, a micrografia, a macrografia e a jargonografia. A disgrafia envolve uma combinação de erros de gramática e pontuação, má organização de parágrafos, múltiplos erros ortográficos e caligrafia excessivamente ruim. Corresponde a um transtorno de aprendizado específico em cri-

64   Funções Mentais Específicas, Seus Sinais e Sintomas

anças quando evidente logo após a alfabetização, aos 7 ou 8 anos de idade.[155] A disgrafia adquirida é fenômeno de especial valor diagnóstico em pacientes com *delirium*, mas infelizmente subutilizado.[156] A hipergrafia, tendência para escrever extensivamente de forma meticulosa, é observada em pacientes com epilepsia do lobo temporal como parte da chamada síndrome de Gastaut-Geschwind.[157]

A micrografia, ou escrita com letras pequenas, é observada em pacientes com paralisia supranuclear progressiva,[158] doença de Parkinson (especialmente em sua forma rígido acinética),[159] doença de Huntington,[160] lesões de gânglios da base[161] e TOC.[162] A micrografia que se agrava à medida que o comprimento do texto que o paciente produz aumenta é característica da doença de Parkinson.[163] A macrografia, ou escrita com letras grandes, é uma condição observada em pacientes com tremor distônico[159] e transtornos invasivos do desenvolvimento.[164] A jargonografia isolada foi observada em um paciente com hematoma temporoinsular-parietal à direita.[165]

SENSOPERCEPÇÃO

A sensopercepção depende da integridade de uma série de processos subjacentes, incluindo a sensação, a percepção, a representação e a imaginação.[134] A sensação é um processo fisiológico deflagrado por estímulos ambientais físico-químicos que se inicia nos órgãos receptores e que termina nos córtices sensoriais primários. Já a percepção (ou reconhecimento) é um processo psicológico que surge da elaboração dos estímulos ambientais nos córtices associativos (auditivos, visuais, somatossensoriais, olfatórios e gustativos).[166] A representação é a memória de um estímulo e, portanto, provavelmente mediada por estruturas temporais.[4] Já a imaginação envolve a combinação e a criação de "estímulos" aos quais o indivíduo não foi previamente exposto, sendo, portanto, supostamente mediada pelos lobos frontais.

Existe, no entanto, uma sobreposição considerável entre as áreas cerebrais envolvidas na percepção, na representação e na imaginação.[167] Nós definimos a imagem como a unidade fundamental do processo de reconhecimento, reprodução e criação dos conteúdos mentais.[4] As imagens podem ser, portanto, perceptivas, representativas e fantásticas. A diferenciação entre estes fenômenos permite caracterizar sintomas de

Funções Mentais Específicas, Seus Sinais e Sintomas

diferentes esferas. As imagens perceptivas caracterizam-se por serem corpóreas (ou tridimensionais), extrojetadas, nítidas, (p. ex., em cores vívidas), temporalmente estáveis e independentes da vontade.[110] As imagens representativas e fantásticas são pouco corpóreas (por exemplo, bidimensionais), introjetadas, sem nitidez ou frescor sensorial, temporalmente instáveis e dependentes da vontade do indivíduo.[110]

Alterações das sensações

Os órgãos dos sentidos são tradutores que transformam energias físicas ou químicas do meio ambiente em impulsos nervosos.[168] Uma energia mínima é necessária para estimular o órgão sensorial, mas entre a energia recebida e impulso nervoso não há uma correlação perfeitamente linear. Geralmente, cada órgão dos sentidos capta apenas uma modalidade específica de energia. No entanto, em algumas ocasiões, um órgão pode ser estimulado por uma energia intensa fora de sua modalidade sensorial, p. ex., um traumatismo cranioencefálico pode nos fazer literalmente "ver estrelas".[168] A este fenômeno chamamos de "Lei de Müller", *i.e.*, estímulos diferentes aplicados a um mesmo órgão dos sentidos produzem as mesmas sensações, enquanto que estímulos idênticos aplicados a diferentes sentidos produzem sensações diferentes.[168]

As sensações podem apresentar alterações quantitativas ou qualitativas, envolvendo neste último caso cor, tamanho, forma e distância dos objetos. As alterações quantitativas das sensações incluem hiperestesias (p. ex., aumento da sensibilidade auditiva, na misofonia[169]), hipoestesias (redução da sensibilidade, na depressão[170,171]), anosmias (insensibilidade ao cheiro, na demência de Alzheimer[172]) e ageusias (insensibilidade ao gosto, quase sempre associadas às anosmias).[173] A cromatopsia é uma sensibilidade visual excessiva a uma cor, que parece matizar todos os objetos. Por exemplo, os estímulos visuais podem parecer amarelados (na xantopsia, por intoxicação por digitálicos[174*]), avermelhados (na eritropsia, por hemorragia vítrea[175]), ou azulados (na cianopsia, em usuários de sildenafila[176]). Por acromatopsia entendemos a insensibilidade a determinadas cores (como no daltonismo).

---

*Uma das teorias que explicam o predomínio de tons amarelados nas obras realizadas durante os últimos anos de carreira de Van Gogh é seu uso de digitálicos.[174]

66 Funções Mentais Específicas, Seus Sinais e Sintomas

Alterações de tamanho, forma e distância dos objetos (dismetropsias) são sintomas típicos da epilepsia. A síndrome de "Alice no País das Maravilhas" inclui a observação de objetos reduzidos (micropsia) ou aumentados (macropsia) em seu tamanho original e não deve ser confundida com alucinações liliputianas ou gulliverianas, respectivamente. A dismegalopsia inclui distorções da forma dos objetos, que apresentam partes aumentadas e outras diminuídas. Os objetos também podem parecer múltiplos (polipsia), em posições diferentes (aloestesia), muito próximos (porropsia ou pelopsia), distantes (teleopsias), imóveis (acinetopsia) ou ainda agradáveis (calopsia) ou desagradáveis (cacopsia).[107] Já as alterações do campo visual incluem as contrações concêntricas (por atrofia no nervo óptico), tubulares (na histeria) ou espirais (na fadiga), as hemianopsias (*i.e.*, perdas de metade(s) do campo visual)* e os escotomas (pontos cegos).[173]

Alterações das percepções

A sensação e a percepção são apreendidas em um único "ato psíquico", razão pela qual são estudadas por muitos psicopatologistas apenas como sensopercepção.[166] A essência da sensopercepção não consiste em uma sequência burocrática onde sensações são seguidas de uma estruturação posterior de um estímulo externo, mas sim de uma totalidade intuída em nossa consciência.[166] Quando percebemos, apreendemos um todo que é mais que a simples soma das partes.[168] Não percebemos "estímulos", mas sim objetos que podem receber um nome e um sentido. A forma com a qual percebemos o mundo é determinada também por nossos estados afetivos.[168] Finalmente, a percepção quase sempre envolve um componente motor, p. ex., para tocar é necessário palpar; para ver, olhar, para ouvir, virar a cara; para cheirar, aspirar ar, e assim por diante.[168]

As alterações da percepção (ou reconhecimento) são secundárias a disfunções em córtices associativos e incluem as agnosias, o *jamais vu*, o *déjà vu*, as ilusões e as pareidolias.[134] As agnosias são definidas como

---

*As hemianopsias podem ser homônimas, quando envolvem a metade nasal de um olho e temporal do outro (em lesões cerebrais posteriores ao quiasma óptico) ou heterônimas, quando as duas metades temporais ou as metades nasais ou estão envolvidas separadamente (por lesões no quiasma óptico causadas por adenoma hipofisário ou por aneurisma da artéria comunicante anterior, respectivamente).[173]

Funções Mentais Específicas, Seus Sinais e Sintomas   **67**

uma incapacidade de reconhecer estímulos externos, sejam eles visuais, auditivos ou táteis entre outros. De maneira geral, as agnosias podem ser aperceptivas ou associativas, dependendo da presença ou não de déficits sensoriais concomitantes, respectivamente. As agnosias visuais incluem a agnosia visual para formas ou aperceptiva (incapacidade de reconhecer e de copiar objetos),[177] a agnosia visual associativa (incapacidade de reconhecer, mas não de copiar, objetos),[177] a simultaneoagnosia (inabilidade de reconhecer diferentes partes de um estímulo simultaneamente),[51,177]* e a prosopagnosia (impossibilidade de reconhecer faces).[73,177]

As agnosias auditivas podem ser auditivo-verbais ("surdez pura para palavras"), para vozes familiares (fonagnosia), para sons do ambiente, para músicas (amusia) ou para inflexão emocional da fala ou prosódia (agnosia auditivo-afetiva).[178] Na agnosia tátil (ou aestereoagnosia), o indivíduo é incapaz de reconhecer objetos pela palpação. É um fenômeno causado por lesões em cordão posterior.[73] Um grupo de pesquisadores sugeriu que a incapacidade de "ler" (ou, segundo os próprios, de reconhecer) os próprios sentimentos (tradicionalmente conhecida como alexitimia) seria uma forma de agnosia afetiva.[179] Por serem acompanhados de crítica e sentimentos de estranheza, o *déja vu* (sensação de já visto) e o *jamais vu* (sensação de jamais visto) são, respectivamente, "pseudo" reconhecimentos ou desconhecimentos, habitualmente observados em pacientes com epilepsia.[92]

A definição mais comum de ilusão é a percepção distorcida de um estímulo real e presente. No entanto, seguindo autores anglo-saxônicos,[120] preferimos considerar ilusões como falsos reconhecimentos. As ilusões são fenômenos involuntários e podem ou não ser acompanhadas de crítica. Para os autores clássicos,[168] podem ser observadas em estados afetivos intensos (ilusões catatímicas),[168,180] em quadros de desatenção (p. ex., ilusões opticogeométricas)[168,180] e nos distúrbios da consciência (ilusões cênicas).[168] No entanto, ilusões também são observadas em estados delirantes (*delusional misidentification syndromes*),[181] como as síndromes de Capgras (*l'illusion des sosies*), de Fregoli e de intermetamorfose (Fig. 3-12),[182] e em lesões neurológicas capri-

---

* Juntamente com a incapacidade de alcançar um objeto com a mão (ataxia óptica) e a incapacidade de desviar o olhar de um ponto para outro (apraxia óptica), a simultaneoagnosia forma a chamada síndrome de Balint.[51]

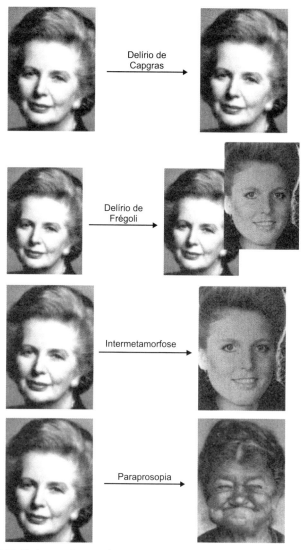

Figura 3-12. Síndromes de erros de identificação delirantes (*Delusional Misidentification syndromes*). Síndrome de Capgras: uma pessoa, geralmente próxima, é substituída por um dublê ou robôs de aparência idêntica; síndrome de Frégoli: um perseguidor se disfarça em uma face; síndrome de intermetamorfose: transformação, geralmente abrupta, de uma face em outra; paraprosopia: transformação de uma face em outra assustadora. Reprodução autorizada por Ellis HD.[182]

Funções Mentais Específicas, Seus Sinais e Sintomas **69**

chosas na ausência de distúrbios da consciência,[*] com o surgimento de distorções fantásticas e grotescas de faces (paraprosopias[183]) ou dos sons do ambiente (em conjunto chamados "distorcidolias").[184] Em contrapartida, as pareidolias (ou ilusões pareidólicas)[180] incluem o reconhecimento de padrões conhecidos a partir de estímulos pouco definidos, como por exemplo, a identificação de um rosto humano com base em irregularidades de uma parede mal pintada ou das formas da espuma em uma caneca de cerveja. Ao contrário das ilusões, as pareidolias são quase sempre voluntárias, acompanhadas de crítica, e tendem a se intensificar mediante o aumento do nível de atenção.[185] As pareidolias são provavelmente reflexo de uma capacidade intrínseca do cérebro humano de identificar ou reconhecer imagens (especialmente faces) a partir de formas. Raramente as pareidolias podem ser involuntárias e angustiantes, quando lembram, então, as imagens obsessivas típicas de pacientes com TOC.[185]

Alucinações

As alucinações (ou alucinações "verdadeiras") podem ser definidas como perturbações da imaginação que assumem características indistinguíveis de uma imagem perceptiva real e levam o indivíduo a crer na existência de um determinado estímulo, apesar de sua ausência.[134] As alucinações são formadas por imagens corpóreas, extrojetadas, nítidas, vívidas, temporalmente estáveis e independentes da vontade na ausência de um objeto que a justifique.[110] Por outro lado, as pseudoalucinações, em seu conceito mais "clássico",[110] são alterações da imaginação que, apesar de assumirem algumas características de imagens perceptivas reais, são sempre introjetadas e carecem de corporeidade, levando o indivíduo a manter uma crítica em relação à existência de um determinado estímulo.[**] Finalmente, por alucinoses entendemos diversos fenômenos, *i.e.*, alucinações

---

[*]Dentre as lesões caprichosas capazes de causar ilusões citamos danos vasculares limitadas ao núcleo dorsomedial do tálamo que poupam os núcleos intralaminares e o mesencéfalo, explicando a ausência de distúrbios da consciência.[184]

[**]Alguns estudos questionaram esta definição ao constatar que a crença na realidade dos fenômenos alucinatórios não varia de acordo com a localização (dentro *vs.* fora da cabeça).[187]

70 Funções Mentais Específicas, Seus Sinais e Sintomas

de etiologia neurológica ou alcoólica ou ainda alucinações "verdadeiras" na presença de crítica em relação ao fenômeno.[134]

Existe uma tendência comum na prática clínica de atribuir as chamadas alucinações "verdadeiras" à esquizofrenia e as pseudoalucinações a transtornos do humor ou dissociativos, como se a ocorrência desses sintomas tivesse algum valor diagnóstico. Ainda que a definição precisa destes fenômenos ajude a "preparar o terreno" para uma discussão nosológica mais profunda, uma série de autores tem questionado a utilidade clínica desta diferenciação. Por exemplo, se por um lado alucinações verdadeiras podem ser de natureza "conversiva" (dissociativa),[186] pseudoalucinações são frequentemente experimentadas por pacientes com esquizofrenia.[187] Por essas e outras razões, o conceito de pseudoalucinação tem sido muito criticado.[188]

Kräupl-Taylor sugeriu a existência de dois tipos de pseudoalucinações, a saber, alucinações com crítica preservada (idêntica às alucinoses) e imagens internas de grande vivacidade e espontaneidade.[189] Outros clínicos sugeriram que o conceito de pseudoalucinação deveria ser substituído pelo termo "alucinações não psicóticas", já que o primeiro teria um grau de sobreposição muito grande com outros transtornos da sensopercepção (alucinações "verdadeiras), imagens obsessivas, fenômenos dissociativos, "flashes" (p. ex., *flashbacks* e outras lembranças vívidas e atormentadoras),[190] além de pensamentos e memórias normais (p. ex., fantasias e devaneios).[191] Em contrapartida, o termo para-alucinação foi recentemente proposto para descrever alucinações causadas por lesões periféricas (previamente ilustrado por um dos conceitos de alucinose).[192]

Para a neuropsiquiatria clássica, "a condução defeituosa entre o perceber e o representar naquele que alucina" é evento fundamentalmente talâmico.[193] Esta estrutura se constituiria, portanto, em um sítio de disfunção comum a todos fenômenos alucinatórios.[193] Dessa forma, segundo Kleist, as alucinações seriam sintomas análogos à hiperpatia (dor) talâmica.[193] No entanto, sabe-se, atualmente, que o desenvolvimento de modalidades específicas de experiências alucinatórias depende, provavelmente, de uma "hiperfunção topológica" do tipo "estado" em estruturas mais especializadas do córtex cerebral, incluindo regiões primárias ou associativas específicas de cada sentido.[194] Esta "hiperfunção topológica" pode ou não se associar a uma "hipo ou hiperconexão

Funções Mentais Específicas, Seus Sinais e Sintomas **71**

hodológica", *i.e.*, com outras regiões cerebrais.[194] Do ponto de vista clínico, as alucinações elementares possuem correlatos mais claros, situado, geralmente, nos córtices sensoriais primários.[195]

Alucinações auditivas

As alucinações auditivas têm sido classificadas em elementares (acoasmas), como zumbidos, apitos ou buzinas, ou complexas (fonemas), como a sonorização do pensamento, a audição de vozes sob a forma de diálogo (alucinações em terceira pessoa) ou a audição de vozes que interferem na atividade (alucinações imperativas).[4] Em uma análise de agrupamentos (*clusters*) com 199 pacientes (81% dos quais com esquizofrenia),[196] quatro grupos de alucinações foram encontrados, a saber:

1. Alucinações auditivo-verbais (AAV) imperativas (em segunda pessoa) ou sob a forma de comentários (em terceira pessoa).
2. AAV em "*replay*" (idênticas a uma memória), possivelmente relacionadas com um evento traumático prévio.
3. AAV "do próprio pensamento" (faladas em primeira pessoa) e semelhantes ao fenômeno da hiperendofasia.[92]
4. Alucinações auditivas não verbais (ou seja, acoasmas ou palavras sem sentido).[196]

Inúmeras personalidades ao longo da história descreveram, em um momento ou em outro, a audição de "vozes", como filósofos, religiosos, líderes políticos, escritores e até mesmo psiquiatras (!). Em estudos com populações não clínicas, 60 a 80% dos sujeitos relataram já terem ouvido o nome sendo chamado, os próprios pensamentos em voz alta, as palavras de deus, ou a voz de um parente morto.[197] No entanto, parece que estas taxas elevadas, identificadas quase sempre em estudos com questionários de autopreenchimento, refletem experiências mundanas que não estão associadas a qualquer sofrimento e, por essa razão, não devem ser consideradas patológicas ou mesmo alucinatórias.[197] Infelizmente, julgamentos sobre a presença de sofrimento podem ser altamente subjetivos e difíceis de determinar. Cabe ao clínico ter a sensibilidade para dissecar esses fenômenos.

Devem ser levadas em consideração no diagnóstico diferencial das AAVs as chamadas "vozes internas" (não atribuíveis a pseudoalucinações) ou "iatrogênicas" (*i.e.*, "ensinadas" pelos próprios médicos)

72 Funções Mentais Específicas, Seus Sinais e Sintomas

assim como fenômenos culturais (*i.e.*, vozes como expressões "mal traduzidas" ou culturalmente sancionadas) ou induzidos por privação sensorial (em sua maioria, barulhos do ambiente, sons das funções corporais etc.).[197] Os chamados "arquivos X" descrevem casos raros, como AAVs imputadas a transmissões de rádio reais por meio de obturações dentárias, fragmentos de metal, ou aparelho auditivo.[197] Em um caso publicado no *British Medical Journal*, uma paciente ouvia vozes que lhe mandavam fazer um exame do crânio.[198] Ao finalmente fazê-lo, um menigioma foi identificado e ressecado, a voz "se despediu" e o sintoma nunca mais reapareceu.

A experiência aguda das AAVs (o estado alucinatório) associa-se a uma ativação do giro frontal inferior bilateral, do giro pós-central bilateral e do *operculum* parietal esquerdo (regiões implicadas na produção da fala *i.e.*, área de Broca).[199] Por outro lado, reduções na ativação do giro temporal superior esquerdo, do giro temporal médio esquerdo, do córtex cingulado anterior e do córtex premotor esquerdo (regiões envolvidas no processamento de estímulos auditivos e percepção da fala, *i.e.*, o córtex auditivo) parecem conferir uma maior vulnerabilidade às AAVs.[199] Já a localização externa das AAVs parece depender de uma anatomia diferenciada da junção temporoparietal direita (com redução da substância branca e deslocamento sulcal posteroanterior)[200] e de um aumento da atividade do *planum temporale* medial esquerdo e do giro frontal médio direito.[201]

Alucinações visuais

As alucinações visuais também podem ser elementares (fotopsias e fosfenos), observadas nas enxaquecas e epilepsias, ou complexas (p. ex., alucinações cenográficas), especialmente frequentes na narcolepsia, na doença dos corpos de Lewy, na doença de Parkinson e na esquizofrenia.[4] A tríade alucinações visuais, deficiência visual e estado cognitivo intacto, é observada na síndrome de Charles-Bonnet. As microzoopsias que envolvem a percepção de insetos (síndrome de Magnan) surgem durante a intoxicação por cocaína e no *delirium*, enquanto que a percepção de vermes (síndrome de Ekbom) ocorre no transtorno delirante somático. Alucinações hemiópsicas são alucinações visuais causadas por lesões occipitais e que, por essa razão, ocupam apenas um campo visual.[202]

Funções Mentais Específicas, Seus Sinais e Sintomas   73

As alucinações visuais têm sido atribuídas a uma atividade aberrante nas redes talamocorticais visuais que conectam o núcleo geniculado lateral ao córtex visual primário e/ou a pulvinar do tálamo ao córtex parietoccipital.[203] Esta hipótese, inicialmente proposta por Georges de Morsier, baseou-se na observação de que uma série de síndromes neurológicas caracterizadas pela presença de alucinações visuais associa-se a combinações variáveis de sintomas motores, vestibulares e auditivos.[204] O exemplo paradigmático é a síndrome (automatose) de Zingerle, caracterizada por alucinações visuais no contexto de crises oculógiras, transtornos do movimento e sintomas vestibulares centrais atribuíveis a lesões do lobo temporal.[204] Curiosamente, atrofias occipitais e temporais em pacientes suscetíveis a alucinações visuais foram demonstradas independentemente da doença que lhes acometia.[203]

A primeira menção às chamadas alucinações liliputianas descrevia imagens de um mundo em miniatura, formado por pessoas minúsculas acompanhadas de animais e objetos de tamanhos igualmente diminutos.[205] Logo em seguida, o fenômeno oposto, ilustrado pela visão de enormes animais, foi adequadamente batizado de alucinações brobdingnagianas.[206] São observados na epilepsia, na demência, no *delirium* e em transtornos psiquiátricos primários (esquizofrenia).[207] Goldim chamou atenção para características ambivalentes destes fenômenos, ao afirmar que tais alucinações "encantavam com sua beleza ou revoltavam com sua feiúra, atraíam com suas roupas brilhantes ou repeliam com sua monotonia, geravam simpatia com sua situação ou irritavam com seus olhares".[208] As alucinações liliputianas e brobdingnagianas devem ser diferenciadas das micro e macropsias, alterações das sensações de características não alucinatórias.

Os fenômenos autoscópicos são mais bem estudados no âmbito das alucinações visuais de natureza complexa. Incluem a percepção da imagem do próprio corpo ou rosto no espaço, quer de um ponto de vista interno, como em um espelho, ou de um ponto de vista externo.[209] São observados nas epilepsias dos lobos parietal e temporal, na enxaqueca, nas neoplasias, nos infartos e nas infecções cerebrais. Em pacientes com transtornos psiquiátricos primários, a autoscopia pode ser observada na esquizofrenia, na depressão e em transtornos de ansiedade e dissociativos. Incluem a alucinação autoscópica, a eleautosco-

74 Funções Mentais Específicas, Seus Sinais e Sintomas

pia, o sentimento de presença, as experiências fora do corpo, a forma negativa da eleautoscopia e a eleautoscopia interna.[209]

Por alucinação autoscópica entende-se a percepção da própria imagem em espelho, com o "eu" localizado fora da alucinação, *i.e.*, no corpo físico. Na eleautoscopia (*heautoskopie* ou *doppelgänger*) ocorre a percepção de um duplo de si mesmo, com quem o paciente compartilha pensamentos, vozes ou movimentos (ecopraxia eleautoscópica). Pode estar associada à bilocação (vide "consciência do eu") ou à tentativa de suicídio.[209,210] As experiências fora do corpo (*out of body experiences*) incluem a percepção da própria imagem em espelho, com o "eu" junto à imagem alucinatória. A forma negativa da eleautoscopia diz respeito à incapacidade de perceber o próprio corpo no espelho ou quando visto diretamente. Finalmente, na eleautoscopia interna, o paciente percebe os próprios órgãos internos no espaço extracorpóreo.[209,210]

Outras alucinações específicas

Alucinações olfatórias e gustativas são observadas nas epilepsias,[211] na esquizofrenia,[211,212] nas cefaleias do tipo *cluster* ou nas enxaquecas,[211] na doença de Parkinson[211] e no abuso de cocaína.[211] Alucinações olfatórias e gustativas são raras em pacientes com epilepsia (acometendo 1 a 4% dos pacientes, respectivamente), embora sejam mais comuns em pacientes com quadros restritos ao lobo temporal (acometendo até 10% destes pacientes, no caso das alucinações olfatórias).[211,212] Os cheiros percebidos na epilepsia são geralmente desagradáveis (cacosmia), com "conteúdo" de podre, de putrefação, ou de outros materiais orgânicos.[211] Em pacientes com esquizofrenia, as alucinações olfatórias costumam ser mais contínuas e menos episódicas do que na epilepsia, além de serem acompanhadas de alucinações em outros sentidos.[211]

Alucinações táteis ou hápticas podem ser elementares (como as parestesias e diestesias) ou complexas, como as microzoopsias (também consideradas alucinações visuais e/ou táteis), as alucinações de contato (que costumam afetar zonas erógenas femininas), e as alucinações hígricas (que envolvem a percepção de líquidos escorrendo pelo corpo).[92] As alucinações cenestésicas incluem a percepção de órgãos apodrecidos, infectados, petrificados ou congelados por pacientes que apresentam síndrome de Cotard (*délire de négation*), a esquizofrenia

Funções Mentais Específicas, Seus Sinais e Sintomas 75

"cenestopática[213] ou os transtornos delirantes somáticos.[4] O "sinal da caixa de fósforo", trazida com detritos que o paciente acredita serem vermes, é sinal que indica a presença de alucinações cenestésicas (no delírio de infestação).[4]

As alucinações cinestésicas (ou de movimento) incluem as alucinações neurovestibulares, de sentido muscular e psicomotoras verbais. As alucinações neurovestibulares ocorrem em pacientes com esquizofrenia ou *delirium* que se podem queixar, por exemplo, de que o assoalho está oscilando. Alucinações de sentido muscular são observadas em pacientes com esquizofrenia, que acreditam que seus corpos realizam movimentos ou em pacientes com doença de Parkinson incipiente, que podem descrever "um tremor interno" mesmo antes do aparecimento do tremor característico da doença. Nas alucinações psicomotoras verbais, o paciente, embora calado, sente que alguém fala por ele.[134] As alucinações sinestésicas ou reflexas, exemplificadas pelas experiências de ouvir ou sentir o gosto de cores ou mesmo de ver e sentir o cheiro de sons são achados isolados em algumas pessoas e eventos observados em intoxicações por alucinógenos.

As alucinações sinestésicas ou reflexas devem ser diferenciadas das alucinações funcionais, onde o estímulo em um sentido (p. ex., barulho da água correndo de uma torneira aberta) provoca uma alucinação no mesmo sentido (p. ex., alucinações auditivas acusatórias), um fenômeno observado em alguns pacientes com esquizofrenia. As alucinações extracampinas incluem a percepção de estímulos, geralmente visuais, que se encontram fora do campo perceptivo habitual, como visões atrás da cabeça.[214] Um fenômeno semelhante, o "sentimento de presença", pode ser observado em indivíduos normais submetidos à privação sensorial ou ao isolamento social, na esquizofrenia, na doença dos corpos de Lewy e na doença de Parkinson.[215,216] As alucinações psíquicas de Bailarger são fenômenos que não possuem carácter sensorial.[134] Os pacientes dizem ouvir "palavras sem som" ou conversam com interlocutores em "um diálogo silencioso de pensamento a pensamento".[134]

Nem sempre o conteúdo das alucinações é negativo.[4] Bleuler chama de alucinações teleológicas aquelas que dão conselhos, advertem ou impedem os pacientes de fazer algo que possa lhes causar dano: "a mãe morta impede o doente de, no último momento, cometer suicídio".[5] Da mesma forma, as alucinações multimodais (ou combinadas) foram definidas como alucinações em diferentes modalidades sensoriais que

76 Funções Mentais Específicas, Seus Sinais e Sintomas

parecem emanar de uma única origem.[217,218] Por exemplo, um paciente que vê e conversa com a imagem de uma santa apresenta uma alucinação multimodal. Embora este tipo de alucinação tenha sido descrito classicamente em quadros de *delirium* de diferentes etiologias, na esquizofrenia e nos transtornos delirantes, tem havido, mais recentemente, uma tendência a atribuir esses sintomas a transtornos dissociativos ou factícios e até mesmo à simulação.[218]

Fenômenos alucinatórios podem ocorrer na transição da claridade da consciência para o sono (alucinações hipnagógicas) ou vice-versa (alucinações hipnopômpicas). Em um estudo, 37% da população em geral descreveram alucinações hipnagógicas e 12,5% relataram alucinações hipnopômpicas.[219] Ambos os tipos de alucinações foram significativamente mais comuns entre os indivíduos com sintomas de insônia, sonolência diurna excessiva ou transtornos mentais. Os fenômenos sensoperceptivos relacionados com o sono são acompanhados de uma total imersão na experiência e completamente dissociados da realidade, enquanto as alucinações "verdadeiras" são restritas e sobrepostas a percepções verídicas.[220] Somente 0,04% dos pacientes com alucinações hipnagógicas ou hipnopômpicas apresentam narcolepsia, condição tradicionalmente associada a este tipo de fenômeno.[219]

Eventualmente, as fases do ciclo sono-vigília estão tão misturadas que é impossível determinar exatamente qual fase (vigilância, sono REM e sono não REM) do ciclo predomina, fenômeno que recebe o nome *status dissociatus* (não confundir com dissociação histérica!).[221] Este quadro extremo pode predominar à noite ou de maneira intermitente (*i.e.*, nas encefalopatias autoimunes, na narcolepsia tipo 1 ou na parassonia IgLON5) ou se apresentar como um "estupor onírico" de carácter alucinatório praticamente contínuo, fruto do borramento completo dos limites entre as fases do ciclo sono-vigília (*agrypinia excitata*).[221] Este estado onírico é decorrente da lesão talâmica observada na insônia familiar fatal, no *delirium tremens*, na doença de Parkinson, na demência dos corpos de Lewy e em uma síndrome paraneoplásica caracterizada por neuromiotonia, perda de peso e hiperidrose ("Coreia fibrilar" de Morvan).[221,222]

Lesões hemisféricas podem produzir alucinações em duas situações clínicas: como parte de atividade epiléptica ou como fenômeno de liberação associado a defeitos do campo visual.[132] As alucinações por libera-

Funções Mentais Específicas, Seus Sinais e Sintomas **77**

ção incluem imagens formadas, tendem a ocorrer na área comprometida do campo visual e podem ser modificadas pela alteração do *input* visual através da abertura ou fechamento dos olhos.[132] As alucinações ictais geralmente são breves e estereotipadas. No "estado de mal parcial complexo", as alucinações podem ter um conteúdo religioso, com um predomínio de temática contrastante (*i.e.*, preto/branco, bom/mal, direita/esquerda etc.).[223] Os ataques geralmente duram horas, mas podem persistir por meses ou anos.[223] Ao contrário da esquizofrenia, a alucinose interictal está associada à preservação do afeto e maior *insight*.[223]

As alucinações negativas podem ser definidas como a ausência de percepção de um estímulo localizado no campo de uma modalidade sensorial intacta. São fenômenos incomuns, descritos em quadros histéricos ou estados hipnóticos e, mais raramente ainda, em associação a lesões occipitais.[224,225] Um fenômeno análogo é a síndrome de Charcot-Wilbrand, caracterizada pela incapacidade de gerar uma imagem mental interna ou "revisualizar" um objeto em consequência de lesões parietais bitemporais.[226] As chamadas alucinações da viuvez, *i.e.*, envolvendo o cônjuge falecido, são fenômenos tidos como não patológicos.[227,228] Afetam cerca de metade dos viúvos, especialmente aqueles com mais de 40 anos de idade, personalidade com traços histriônicos e história de casamentos longos e felizes.[227,228] Raramente são compartilhados com amigos ou parentes.[227,228]

Fenômenos semelhantes, *i.e.*, alucinações de luto (não relacionados com a viuvez), são também observáveis, embora nem sempre com características tão benignas.[229] A perseveração de imagens representativas após a suspensão de estímulos auditivos, visuais, táteis e cinestésicos é chamada, respectivamente, de palinacusia, palinopsia, palinaptia e palicinestesia (*mal de débarquement*) e pode acontecer em doenças cerebrais de diferentes etiologias ou como efeito colateral de psicofármacos.[230] A imagem eidética (ou memória fotográfica) é uma imagem representativa detalhada que surge mesmo após uma única exposição a um dado estímulo.[92] As visões fantásticas são fenômenos voluntários e agradáveis (p. ex., imagens de cunho sexual) que surgem quando o indivíduo adota uma posição cômoda, com os olhos cerrados e atenção passiva.[134]

78 Funções Mentais Específicas, Seus Sinais e Sintomas

IMAGINAÇÃO

A imaginação é uma função mental que ordena, enlaça e coordena em múltiplas combinações os elementos preexistentes do capital cognitivo pessoal evocados pela memória (imaginação reprodutora) para dar forma a coisas novas e concepções originais (imaginação criadora).[136] Embora o produto da imaginação reprodutora e da memória *stricto sensu* seja o mesmo (*i.e.*, as recordações), a atividade imaginativa é vaga e frouxa, enquanto a atividade mnêmica é concreta e concisa.[217] A imaginação criadora modifica o ocorrido, estabelece novos vínculos e relações e se lança por caminhos jamais percorridos.[217] Enquanto a imaginação reprodutora depende da memória, a imaginação criadora baseia-se nas necessidades, nos afetos e na inteligência e expressa-se por invenções e inspirações.[136]

Alterações da imaginação

As alterações quantitativas da imaginação exteriorizam-se por uma redução – nas demências, no retardo mental e na depressão[231] – ou um aumento – na mania, na depressão e em quadros orgânico-cerebrais, como a demência frontotemporal, a epilepsia, a hemorragia subaracnoide e a doença de Parkinson[232] – da produção de imagens ou da criatividade. Já as alterações qualitativas se dão por um relaxamento do juízo e da razão (também chamados de freios da imaginação) que, em última análise, levam a um transbordamento da imaginação através de fantasias, mentiras e fabulações.*[136,217]

As fantasias ou devaneios (*daydreaming*) são eventos privados raramente comunicados a terceiros e observados principalmente em crianças (cujo juízo ainda não é plenamente desenvolvido) e povos primitivos.[217] Em cenários clínicos, as fantasias podem ser sintomas de esquizofrenia ou do transtorno de personalidade esquizotípica (como no pensamento autístico), de histeria *lato sensu* (sintomas dissociativos), de transtornos sexuais (fantasias parafílicas), do transtorno de déficit

---

*Por razões históricas, didáticas e ligadas ao diagnóstico diferencial, optamos por incluir as alucinações e alterações correlatas junto às alterações da sensopercepção, assim como imagens obsessivas junto aos pensamentos, embora tais fenômenos sejam atribuíveis primariamente a alterações primárias da imaginação.

Funções Mentais Específicas, Seus Sinais e Sintomas **79**

de atenção/hiperatividade (*daydreaming* escolar) ou ainda de uma condição mórbida independente.[233]

As mentiras (ou mentiras não patológicas) são eventos comunicados, circunscritos e com um fim utilitário específico. São observadas em pacientes "hiperemotivos" (que mentem por conveniência ou medo do castigo), abusadores de substância (que mentem para esconder seus hábitos), delirantes (que mentem para ocultar seus planos ou verdadeiras intenções) e psicopatas (que mentem para manipular as pessoas).[136]

As fabulações (ou mentiras patológicas) são eventos também comunicados, mas amplos (afetam diferentes áreas da vida do indivíduo) e sem nenhum fim utilitário. Ocorrem em pacientes com transtornos factícios (com pseudologia fantástica, que mentem para obter atenção médica) e de personalidade (com constituição mitomaníaca, que mentem para obter admiração), depressão (que fazem autoacusações caluniosas), mania (que fazem autopromoções elogiosas), esquizofrenia (que desenvolvem delírios com base em substrato imaginativo, *i.e.*, o delírio imaginativo de Dupré) e síndrome de Korsakoff (que desenvolvem confabulações para preencher lacunas de memória), entre outros.[136]

NECESSIDADES

A necessidade é uma aspiração, vivida como exigência, que impulsiona o indivíduo a praticar um ato ou a buscar uma categoria determinada de objetos, estados ou ações.[1,104] Em princípio, toda ação de um indivíduo está voltada para a satisfação de suas necessidades conscientes (desejos) ou inconscientes (tendências).[2] Sempre que surge uma necessidade, gera-se no organismo uma sensação progressiva de desconforto que tende a aumentar até que a necessidade seja satisfeita.

Com base no modelo inicial de Maslow,[234] mas à luz de desenvolvimentos teóricos na interface da Biologia Evolutiva, Antropologia e Psicologia, Kenrick *et al.*[235] propuseram uma pirâmide de necessidades, incluindo, da base para o topo, as necessidades fisiológicas imediatas (de alimentos, de líquidos, de sono etc.), as necessidades de autoproteção (de segurança em diferentes áreas da vida), as necessidades afiliativas (de pertencimento), as necessidade de estima e *status* (*i.e.*, de força, conquista, domínio, reputação e glória), as necessidades de aqui-

80 Funções Mentais Específicas, Seus Sinais e Sintomas

sição e manutenção de um companheiro e as necessidades de parentalidade.

Quando o estado de tensão, mal-estar e insatisfação decorrente da ruptura do equilíbrio interno se prolonga pela não satisfação persistente de uma necessidade, o estado resultante é chamado de frustração. Quando a necessidade é atendida, recupera-se o equilíbrio interno do organismo que se havia desfeito, gerando um estado chamado satisfação.[2] Por motivação, entendemos um estado afetivo ativador e que leva o indivíduo a buscar a satisfação de suas necessidades.[1,104] O instinto é um comportamento inato, que independe de aprendizagem, e leva à satisfação da uma necessidade.[1,104] Os termos pulsão, impulso ou pulsão instintiva equivalem ao instinto na espécie humana.[2] A vontade, objeto estudado em outro capítulo (psicomotricidade), é uma intenção dirigida para um fim ou objetivo, com base em uma motivação elaborada cognitivamente.[104]

Alterações das necessidades

Por apetência patológica, entendemos uma necessidade morbidamente aumentada, traduzida por uma predileção exagerada e doentia de algum objeto.[2] Costuma ser designada pelo sufixo filia. As apetências patológicas mais clinicamente relevantes são aquelas observadas no âmbito das necessidades mais inferiores, como fome (sitiofilias), sede (potofilias), sexo (parafilias e correlatos) e sono (sonofilias).[104] Com exceção das parafilias (que envolvem algum grau de planejamento) e do sono, as apetências patológicas costumam ser colocadas em prática de forma incoerciva ou impulsiva, tornando muito difícil distingui-las das alterações da vontade.

Em inglês, o termo *binge eating* é utilizado para descrever episódios de ingestão de uma grande quantidade de alimento em um curto espaço de tempo. Tais episódios, quando acompanhados de comportamentos purgativos (p. ex., indução de vômitos), são característicos da bulimia nervosa. Pica é um termo genérico que descreve o consumo de diferentes substâncias não nutritivas.[236,237] A alotriofagia envolve a ingestão de excrementos, animais repugnantes e objetos perigosos e é encontrada em pacientes com demência, neurossífilis, esquizofrenia e retardo mental.[92,238] Por potomania entende-se a ingestão excessiva de

Funções Mentais Específicas, Seus Sinais e Sintomas   **81**

líquidos, incluindo bebidas alcoólicas, podendo levar à hiponatremia grave.[239]

As parafilias incluem necessidades sexuais envolvendo objetos não humanos (p. ex., coprofilia, fetichismo e fetichismo transvéstico), sofrimento ou humilhação de si ou do parceiro(a) (p. ex., masoquismo e sadismo sexual), crianças (pedofilia) ou outras pessoas sem o seu consentimento (p. ex., voyeurismo, exibicionismo e frotteurismo).[155] Os chamados transtornos relacionados com as parafilias (*paraphilia-related disorders*) envolvem comportamentos sexuais excessivos, mas com "objetos" normais.[240]

A sonolência diurna excessiva afeta até 20% da população e está associada, na maioria das vezes, à privação do sono, apneia obstrutiva e uso de medicações sedativas.[241] Curiosamente, na síndrome de Kleine-Levin, observada especialmente em meninos,[242] os pacientes apresentam episódios de sonolência excessiva associados a comportamentos sexualmente inapropriados e excessos alimentares (chamados, neste contexto, de megafagia). No *delirium*, há uma inversão do ciclo sono-vigília, com sonolência diurna, mas insônia à noite.

Por inapetência patológica entendemos uma necessidade morbidamente reduzida de um determinado objeto.[2] A causa psiquiátrica mais comum de inapetência é a depressão maior, frequentemente acompanhada de redução do apetite, insônia e perda da libido. No entanto, um quadro de inapetência global também é observado na atimormia, uma síndrome caracterizada por "atimia" (no sentido de ausência de humor), "anormia" (abolição dos instintos ou do *élan* vital) e inércia motora. A atimormia, observada tanto na esquizofrenia quanto em lesões bilaterais dos gânglios da base, diferencia-se da depressão por ser acompanhada não de tristeza, mas de um verdadeiro "vazio mental" ("acinesia psíquica).[243]

Aversão ou medo podem afastar os indivíduos da satisfação de suas necessidades mais básicas.[244] A sitiofobia, ou recusa alimentar, é condição observada tanto em pacientes com quadros psicóticos (p. ex., delirantes, depressivos ou catatônicos) quanto em indivíduos com anorexia nervosa. No entanto, por razões históricas, é um termo reservado ao primeiro grupo.[245] As fobias alimentares incluem a fobia de engasgar (por hipersensibilidade do reflexo do vômito) e a aversão ali-

82 Funções Mentais Específicas, Seus Sinais e Sintomas

mentar (que envolve somente alguns tipos de alimentos, p. ex., carnes ou comidas gordurosas).[244] A hidrofobia, ou recusa de líquidos, é um sintoma clássico de raiva, mas também pode ser observada junto à sitiofobia em diferentes transtornos psicóticos. Já foi descrita na conversão histérica[246] e na síndrome de Cotard.[247] Por outro lado, diferentes tipos de disfunções sexuais podem-se associar à ansiedade na presença do sexo oposto, especialmente em situações potencialmente eróticas. Em mulheres, o medo pode-se generalizar a ponto de a paciente evitar ser tocada até mesmo por crianças.[244] Aversão semelhante pode ser experimentada por pacientes com transtorno obsessivo-compulsivo (com nojo de secreções corporais), do pânico (com medo de ter ataques de pânico durante a relação sexual) ou de ansiedade social.

O medo ou aversão do sono é situação rara. No entanto, pacientes com diferentes transtornos de ansiedade podem apresentar medo de adormecer e insônia em consequência de crenças relacionadas com seus sintomas. Por exemplo, pacientes podem ter medo:

A) De ter um ataque de pânico durante o sono (no transtorno do pânico).
B) De ter pesadelos (no TEPT).
C) De dormir e nunca mais acordar (no TOC).

AFETIVIDADE

A melhor definição de afetividade que podemos encontrar é o conjunto de estados que o sujeito vive de forma própria e imediata, que influi em toda sua personalidade e conduta, especialmente em sua expressão, e que, no geral, distribui-se em termos duais, como alegria-tristeza etc.[4,248] Desta forma, subjetividade, transcendência, comunicabilidade e polaridade seriam as quatro características essenciais que definiriam a afetividade.[4,248] O que conhecemos como afetividade inclui pelo menos quatro conceitos subjacentes, *i.e.*, afeto, emoções, sentimentos e humor. Apesar desta diversidade conceitual, um grande esforço tem sido empreendido no sentido de unificar a terminologia no campo e organizar uma taxonomia relacionada com a afetividade, como o Projeto do "Afectoma" humano (www.neuroqualia.org). No entanto, ainda aguardamos os resultados desta iniciativa.

Afetos

O termo afeto possui diferentes definições,[4] incluindo (i) qualquer estado de emoção, sentimento ou humor (descritos a seguir),[2] (ii) intensidade, qualidade ou modalidade do conjunto de experiências afetivas em um dado momento (*i.e.*, tom ou tonalidade afetiva),[92] (iii) manifestações observáveis ou aparência externa das emoções, sentimentos ou humor,[132] (iv) responsividade emocional[120] e, finalmente, (v) a qualidade e o tônus emocional que acompanham uma ideia ou representação mental de um objeto.[1,124] Os afetos devem ser avaliados em sua capacidade de variação (*i.e.*, se o paciente demonstra rigidez ou labilidade afetiva), sintonização (*i.e.*, se o afeto do paciente é influenciável por estímulos externos) e irradiação (*i.e.*, se o paciente "contamina" o ambiente com sua alegria ou tristeza).[249]

Emoções

As emoções (incluindo os sentimentos sensoriais) são "complexos psicofisiológicos que se caracterizam por súbitas e insólitas rupturas do equilibro afetivo, com repercussões concomitantes ou consecutivas, leves ou intensas, mas sempre de curta duração, sobre a integridade da consciência e sobre a atividade funcional dos diversos órgãos e aparelhos da economia".[92] São reativas,[95] *i.e.*, resultam da satisfação ou frustração das necessidades biológicas.[2] Incluem, por exemplo, os ataques de pânico que derivam da percepção de risco de vida e os ataques de cólera que podem resultar da frustração da necessidade de expansão motora entre outros.[4] Praticamente indistinguíveis das emoções são os chamados sentimentos sensoriais, ou seja, estados afetivos (p. ex., como o próprio pânico) associados a experiências sensoriais localizadas em partes do corpo (p. ex., precordialgia).[95]

Sentimentos

Por sua vez, os sentimentos (ou sentimentos anímicos) são estados afetivos duráveis, mas atenuados em sua intensidade vivencial, geralmente revestidos de ricas e nobres tonalidades intelectuais e morais e, no mais das vezes, desacompanhados de concomitantes somáticos dignos de nota.[4,92] Podem ser de estado (p. ex., alegria *vs.* tristeza), referentes a si (ou autovalorativos, p. ex., orgulho *vs.* vergonha) ou aos outros (ou alovalorativos, p. ex., amor *vs.* ódio).[95,250] São também reativas e motiva-

84 Funções Mentais Específicas, Seus Sinais e Sintomas

dos,[95] mas resultam da satisfação ou frustração das necessidades mais superiores, como o sentimento de vergonha ou orgulho diante da frustração ou não da necessidade de ser admirado, respectivamente.[2] Sentimentos anímicos de estado incluem a depressão, a alegria, a angústia e as labilidades reativas ou motivadas.[95] Sentimentos autovalorativos podem estar patologicamente aumentados (p. ex., sentimento de força e superioridade) ou reduzidos (p. ex., sentimentos de culpa).[95] Por outro lado, sentimentos referentes a outros indivíduos (*i.e.*, alovalorativos) podem-se encontrar patologicamente aumentados nas hiperestesias afetivas (apresentadas por indivíduos com transtornos de personalidade) ou reduzidos nas hipoestesias afetivas.[4] Neste último caso encontram-se a apatia, indiferença afetiva e o sentimento de falta de sentimento (ou atimia da esquizofrenia), a paralisia sentimental aguda (dos transtornos de estresse agudo ou pós-traumático) e a devastação sentimental (da esquizofrenia).[4,95]

As alterações da afetividade que podem acometer distúrbios dos sentimentos auto ou alovalorativos[4] incluem a pobreza sentimental congênita (ausência de culpa associada ao desprezo pelo outro, na psicopatia), a labilidade afetiva (mudança súbita entre dois polos afetivos opostos, observada no transtorno de personalidade *borderline*), a rigidez afetiva (oposto da labilidade afetiva, encontrada na esquizofrenia e nos transtornos de personalidade esquizoide e esquizotípica), a ambitimia (concomitância de dois polos afetivos opostos e sintoma da esquizofrenia), a paratimia (polo afetivo diferente daquele que seria compreensível diante de uma dada situação, na esquizofrenia), a incontinência afetiva (prolongamento exagerado das reações afetivas) e o afeto pseudobulbar (intensas reações afetivas perante um estímulo mínimo), observados em quadros orgânicos, e os sentimentos pré-fabricados ou impostos a partir de uma força externa (na esquizofrenia).[5,95,132]

Humor

Como humor (ou sentimento vital) entendemos a disposição afetiva básica, dependente, a um só tempo, de condições corporais e psíquicas.[92] É um estado de duração prolongada e raramente reativo.[95] Assim como as emoções, mas ao contrário dos sentimentos, envolve experiências somáticas, só que difusas e não localizadas em partes do corpo.[95] Correspondem ao que se experimenta como mal-estar/desânimo ou bem-estar/ânimo. A hiperti-

Funções Mentais Específicas, Seus Sinais e Sintomas **85**

mia (ou alegria vital) é característica dos episódios maníacos. Já hipotimia (ou tristeza vital) tem, segundo Schneider, valor diagnóstico importante para o diagnóstico da depressão endógena.[95] A neotimia (humor delirante difuso, trema ou esquizoforia) concerne à irrupção de sentimentos novos, insólitos, extravagantes, inusitados e vividos com apreensão, angústia e perplexidade.[92] É observada nos estágios iniciais da esquizofrenia. Já a ansiedade (ou angústia vital) diferencia-se do medo (sentimento anímico) pela ausência de motivação consciente.[251] É característica da síndrome que Lopez-Ibór chamou de timopatia ansiosa (um quadro semelhante ao transtorno do pânico).[251] O "humor patibular" (*galgenhumor*), mistura de medo com euforia, é o "rir da própria desgraça", característico dos quadros de *delirium tremens*.[5]

Valores

Situados entre a esfera afetiva e a intelectual, encontramos os chamados valores (ou sentimentos "espirituais"). Os valores determinam o que realmente é importante (ou prioritário) para o indivíduo. Para Schwartz e Bilsky, valores:

A) São conceitos ou crenças.
B) Dizem respeito a estados finais ou comportamentos desejáveis.
C) Transcendem situações específicas.
D) Guiam a seleção ou a avaliação de comportamentos e eventos.
E) São ordenados por suas importâncias relativas.[252]

Segundo o modelo de Schwartz, os valores estariam ligados à abertura à mudança *vs.* conservadorismo (incluindo segurança, tradição e conformismo) e autotranscendência (universalismo e benevolência) *vs.* autopromoção (poder e realização).[252]

Goldar nos ensina como articular psicopatologia descritiva às bases cerebrais da experiência humana ao situar os correlatos neuroanatômicos dos valores no córtex paralímbico (especialmente no córtex orbitário anterior, temporal basolateral e giro do cíngulo anterior), *i.e.*, uma região localizada entre o sistema límbico e o córtex.[253] Para Goldar, os valores seriam determinantes dos reflexos condicionados e do caráter. Esta mesma doutrina postula que os valores podem ser dividi-

86 Funções Mentais Específicas, Seus Sinais e Sintomas

dos em preventivos (ligados à reação de defesa) ou "sentimentais" (morais ou estéticos), os primeiros mediados pelo córtex temporal basolateral (que faz a conexão visolímbica), e os últimos mediados pelo córtex orbitário anterior (que faz a "ponte sentimental" entre o córtex pré-frontal "decisório" e o córtex orbitário posterior "emocional").[253] A ambivalência da esquizofrenia seria a concomitância entre dois valores antagônicos, refletindo uma grave desestruturação do indivíduo, p. ex., um paciente de Goldar comia carne podre de luvas, alegando que sua fome era grande, mas também que não poderia se contaminar.[253] Todas ideias chamadas "supervalorizadas" ou prevalentes também não deixam de envolver uma peculiaridade na rede de valores, embora o componente cognitivo do sintoma (ideia) seja, neste termo, mais enfatizado. Uma psicopatologia mais específica dos valores preventivos envolveria respostas defensivas apagadas (como indiferença de pacientes com demência de Pick ou esquizofrenia ou "hebefrenia autística") ou aumentadas (como nos estados de desconfiança ou "presságio" da esquizofrenia, da epilepsia temporolímbica e do TOC).[253]

Por outro lado, sentimentos éticos e estéticos também podem apresentar uma dissolução. Egoísmo e falta de compaixão podem ser observados na psicopatia, nas lesões orbitofrontais anteriores, na demência de Pick e na esquizofrenia ("hebefrenia excêntrica").[253] Estados de escrupulosidade excessiva são descritos em pacientes com transtorno de personalidade obsessivo-compulsiva e na personalidade de alguns pacientes com epilepsia (Síndrome de Gastaut-Geschwind).[254] Um aumento dos sentimentos estéticos pode estar presente em pacientes com transtorno dismórfico corporal,[255] em alguns pacientes esquizofrênicos em reabilitação[253] e em pacientes bipolares que fazem uso excessivo de ornamentação em sua roupas.[45] Finalmente, a perda dos valores estéticos ou artísticos pode refletir simples mau gosto ou apenas pobreza da vida psíquica, seja ela patológica ou não.

PSICOMOTRICIDADE

O conceito de psicomotricidade engloba a vontade e a motricidade tanto voluntária quanto involuntária (Fig. 3-13). Embora o interesse psiquiátrico sobre vontade e a motricidade voluntária (dirigida a um objetivo) seja óbvio, os movimentos involuntários de naturezas reativa (realizados automaticamente mediante diferentes estímulos) e expressiva

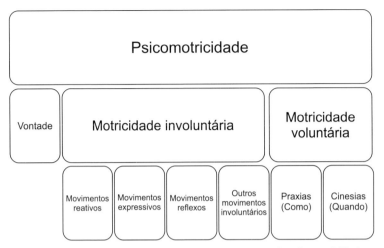

Figura 3-13. Esquema ilustrativo da hierarquia das alterações da psicomotricidade com base nos trabalhos de Karl Leonhard[53] e Heilman e Watson.[261]

(que atingem a mímica, braços, mãos e tronco superior) são também relevantes para o diagnóstico dos transtornos psiquiátricos.[60,120] Os chamados movimentos reativos representam movimentos voluntários que se tornaram automatizados (p. ex., tocar a campainha ao se deparar com uma porta). Os movimentos expressivos refletem a afetividade do indivíduo. Os movimentos denominados reflexos são congênitos e menos relevantes para o diagnóstico psiquiátrico, pois cursam em um plano psíquico inferior aos anteriores, incluindo, por exemplo, o movimento de fuga de estímulos dolorosos.[168]

Alterações da vontade

Por vontade, entendemos a busca de um objetivo ou intenção cognitivamente planejada. A hiperbulia caracteriza-se pelo aumento, exagero ou exacerbação da energia volitiva, dando lugar ao que se conhece vulgarmente como força de vontade.[92] A hiperbulia pode ser patológica em pacientes que sofrem de transtornos delirantes (que perseguem seus objetivos com especial tenacidade), alimentares (que buscam com grande determinação a redução do peso) e somatoformes (que procuram com incrível persistência diferentes médicos para diagnosticar – na hipocondria – ou corrigir – no transtorno dismórfico corporal – doen-

88 Funções Mentais Específicas, Seus Sinais e Sintomas

ças ou defeitos físicos imaginários, respectivamente). Na hipobulia e na abulia encontra-se a redução ou abolição do potencial volitivo indispensável à vontade.[92] É observada em pacientes com síndromes do lobo frontal (especialmente aquelas que interessam às porções mediofrontais), esquizofrenias e episódios depressivos maiores. Finalmente, as parabulias, *i.e.*, alterações qualitativas da vontade, são observadas predominantemente nas síndromes catatônicas de diferentes etiologias (afetivas, orgânicas e esquizofrênicas)[60,256] e descritas a seguir.

No negativismo, o paciente não responde de forma adequada às demandas ambientais.[257] O negativismo pode ser passivo, quando o paciente se omite de emitir respostas (como no mutismo, na recusa alimentar ou na imobilidade motora característica do estupor) ou ativo, quando o próprio emite respostas contrárias (como no fenômeno de paratonia ou *gegenhalten*, onde o paciente faz uma força contrária àquela que tenta mobilizar seus membros) ou diferentes daquelas esperadas (heterocinesia).[257] O negativismo inclui ainda as chamadas reações de último momento (p. ex., breves demonstrações de vontade de se comunicar realizadas por pacientes em mutismo após término da tentativa de exame pelo entrevistador).

No positivismo, ou sugestionabilidade patológica, o paciente adere de forma "cega" às demandas ambientais, muitas das quais absurdas.[257] Inclui a flexibilidade cérea (Fig. 3-14), onde o indivíduo é colocado em posições bizarras pelo examinador como se fosse um boneco de cera, os fenômenos em eco (como a ecolalia e a ecopraxia) e a obediência automática. Este último fenômeno compreende os sinais conhecidos como *mitmachen* (semelhante à flexibilidade cérea, mas acompanhada da instrução para resistir à movimentação), *mitgehen* (forma extrema de *mitmachen*, realizada com esforço mínimo do examinador), a reação magnética (em que o paciente "persegue" a mão do examinador para cumprimentá-lo após este último ter esboçado interesse em fazê-lo) e a síndrome de dependência ambiental (utilização automática de objetos).[120,256,258]

São ainda sintomas parabúlicos característicos da catatonia a ambitendência (*i.e.*, alternância entre negativismo e positivismo), os maneirismos (*i.e.*, rebuscamentos, pedantismos, preciosismos verbais, floreados estilísticos e caligráficos de todas as espécies[92]) e as estereotipias, incluindo as estereotipias cinéticas ou paracinéticas (de movi-

Funções Mentais Específicas, Seus Sinais e Sintomas 89

mentos), a verbigeração ou palilalia (repetição de expressões verbais) e as estereotipias acinéticas ou de atitude [como a do "focinho" catatônico ou *schnauzkrampf* (Figura 3-5), a catalepsia, o "travesseiro psíquico" e as estereotipias de lugar (Fig. 3-14)].[36,92,134]

Outros sintomas parabúlicos, mas não necessariamente catatônicos, também podem ser observados. Nas compulsões, o indivíduo realiza comportamentos (p. ex., checagem ou lavagem) ou atos mentais (p. ex., contagem) repetitivos a contragosto para aliviar a ansiedade gerada por pensamentos involuntários (obsessões) ou de acordo com regras rígidas.[259] Nos impulsos, os comportamentos voluntários são incoercíveis e visam a obter prazer (p. ex., cleptomania, jogo patológico ou comprar compulsivo) ou alívio (p. ex., tricotilomania, *skin picking*, ou síndrome do descontrole episódico).[259] Fenômenos em eco também ocorrem na síndrome de Tourette.[170] Os acessos são episódios bruscos de agitação violen-

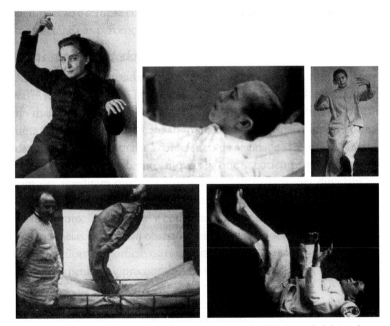

Figura 3-14. Posturas bizarras de pacientes com catatonia. Não é possível determinar se os pacientes foram colocados nestas posições por um examinador (flexibilidade cérea) ou as adotaram espontaneamente (catalepsia). A foto central superior demonstra o fenômeno do travesseiro psicológico. Reprodução de Bumke O.[36]

90 Funções Mentais Específicas, Seus Sinais e Sintomas

ta, porém mais prolongados do que um impulso.[260] Os raptos são atos premeditados por muito tempo, mas deflagrados por um estado emocional intenso ou por catatimia (p. ex., no *raptus melancolicus*).[260] Na síndrome da mão alienígena, o paciente apresenta um reflexo de preensão que o obriga a usar sua mão obediente para controlar a outra mão (observado na degeneração corticobasal e nos indivíduos calosotomisados).[73]

Alterações da motricidade

Como o propósito da motricidade voluntária é interagir com e modificar o mundo em prol de um objetivo, o sistema motor piramidal precisa ser guiado por instruções ou programas, os chamados programas práxicos ("como?") ou intencionais ("quando?").[261] Os programas práxicos fornecem três tipos de instruções, quais sejam: como se mover no espaço, como se mover rapidamente e como organizar os componentes de um ato motor.[261] Distúrbios deste sistema são chamados de apraxias. Pacientes com apraxias cometem erros espaciais e temporais. As apraxias podem ser ideomotoras (incapacidade de realizar atos motores previamente aprendidos de forma acurada), ideativas (incapacidade de realizar uma tarefa que envolve uma sequência de ações), do vestir, da marcha e da abertura ocular.[73] Uma "máquina práxica sem piloto", onde todos os objetos emitem seus atos correspondentes,* é observada na atrofia temporal e na mania.[262]

Por outro lado, o sistema "quando" ou intencional fornece instruções sobre objetivos ("programas cinéticos"). Existem ao menos quatro tipos diferentes de programas intencionais, a saber: quando começar um movimento, quando não começar um movimento, quando continuar ou sustentar um movimento ou postura e quando parar um movimento.[261] Chamamos de acinesia a incapacidade de iniciar um movimento na ausência de lesão corticospinhal ou da unidade motora. A hipocinesia é um atraso no início de uma resposta motora. A hipercinesia inclui a incapacidade de adiar uma resposta motora a um estímulo (déficit na inibição de resposta), de sustentar um movimento ou postura (impersistência motora) e de interromper um movimento ou programa (perseveração motora).[261]

---

*Esse quadro nos parece ser indistinguível da síndrome de dependência ambiental, descrita previamente como uma alteração da vontade.

Funções Mentais Específicas, Seus Sinais e Sintomas 91

A acinesia e a hipocinesia podem envolver partes do corpo específicas (p. ex., olhos, cabeça, ou membros), direções específicas para onde o movimento é realizado, estímulos provocativos específicos (*i.e.*, endógenos ou externos), ou atos específicos (p. ex., falar ou escrever).[261] Tanto a acinesia quanto a hipocinesia (endo ou exoprovocadas) podem ser observadas na depressão, com pobreza e lentidão de movimentos na presença de movimentos reativos (involuntários) preservados. No parkinsonismo de diferentes etiologias, nas catatonias e na fase inibida das psicoses cicloides de motilidade, os pacientes podem apresentar, além da acinesia ou hipocinesia, incapacidade de realizar movimentos reativos em diferentes contextos, além de apresentarem expressão facial empobrecida (hipomimia).[60]

As hipercinesias por déficit de inibição incluem três níveis de gravidade, *i.e.*, a inquietação, a agitação e o furor.[2] A inquietação é observada nos transtornos hipercinéticos (transtorno de déficit de atenção e hiperatividade), no TAG, na depressão ansiosa e na acatisia secundária ao uso de neurolépticos. No contexto do *delirium*, chama-se carfologia e inclui o comportamento de tentar apanhar moscas ou repuxar os lençóis em indivíduos acamados.[263] A agitação (que envolve deslocamento espacial) e o furor (agitação com heteroagressividade) estão presentes na mania, na esquizofrenia, na epilepsia e na histeria. Neste último caso, foi descrita como "tempestade de movimentos" (*Bewegunssturm*).[264] Na catatonia e na fase excitada das psicoses de motilidade, os pacientes que se encontram hipercinéticos apresentam riqueza de expressões faciais e de movimentos reativos associados aos chamados movimentos em curto-circuito.[265]

A impersistência motora (equivalente motora da distraibilidade) e perseveração motora (repetição de uma resposta prévia) são formas especiais de hipercinesia. Já as paracinesias incluem comportamentos extravagantes, desarmônicos, ou estranhos que se infiltram em um substrato associado à intensificação de movimentos mímicos e reativos.[60] São muito semelhantes à coreia, mas menos rápidas e persistentes. Alguns autores também chamam de paracinesias os movimentos pseudovoluntários realizados com o intuito de camuflar ou esconder a coreia e outras hipercinesias neurológicas.[266] Finalmente, por procinesia entendemos o manuseio automático dos objetos que o paciente tem ao seu alcance, principalmente a sua roupa, com movimentos reiterados, porém esgotáveis (taquipreensão).[168]

4

Diagnóstico Sindrômico

Síndromes são complexos de sinais e sintomas, habitualmente observados em conjunto e que, de alguma forma, se relacionam de acordo com a sua essência.[5] Podem resultar, por exemplo, de uma alteração unitária do humor (p. ex., síndromes afetivas), de um desejo de parecer mentalmente doente (p. ex., síndrome de Ganser), ou de um agente etiológico específico (p. ex., *treponema pallidum* na neurossífilis). No entanto, sabemos que em Psiquiatria não existe correlação necessária e suficiente entre as síndromes e as enfermidades que se exteriorizam através delas.[2] Por exemplo:

A) Uma mesma síndrome pode expressar diferentes doenças.

B) Uma mesma doença pode-se apresentar por meio de diferentes síndromes.

C) As síndromes nem sempre se apresentam completas, esgotando todos os sintomas.[2]

As principais síndromes em Psiquiatria incluem as chamadas síndromes psico-orgânicas agudas (*delirium*) e crônicas (demências), delirantes, alucinatórias (ou mais frequentemente, delirante-alucinatórias), hebefrênicas, catatônicas, hebefreno-catatônicas, hebefreno-paranoides, apato-abúlicas, maníacas, depressivas, depressivo-ansiosas, fóbico-ansiosas, de ansiedade fóbica-despersonalização, obsessivo-compulsivas, dissociativo-conversivas, hipocondríacas (p. ex., de Cotard) e alimentares (p. ex., bulimia ou anorexia nervosa) entre outras.

A tarefa de descrever quadros completos, com todos os sintomas constituintes de uma dada síndrome, é quase impossível. O número de achados potenciais no exame do estado mental é incomensurável. Em outras palavras, há sempre um grau de variabilidade aceitável na constituição do fenômeno clínico. Por isso, o que descrevemos a seguir são apenas alguns exemplos que norteiam o diagnóstico sindrô-

94 Diagnóstico Sindrômico

mico, através dos dados provenientes da súmula psicopatológica. Apesar da grande variabilidade, costuma-se fazer o diagnóstico sindrômico a partir da identificação dos sinais ou sintomas mais importantes de uma dada síndrome (destacados nos exemplos a seguir, em negrito). Os demais achados clínicos, eventualmente descritos nas súmulas psicopatológicas, são sinais ou sintomas que podem ou não estar presentes em uma dada síndrome e foram incluídos aqui simplesmente a título de ilustração.

DELIRIUM

Consciência entorpecida, embotada ou obnubilada; *hipoprosexia*; *desorientação alopsíquica/confusional*; consciência do eu preservada; inteligência reduzida; memória de fixação comprometida, com amnésias laculares; juízo deficiente, com ideias deliroides; raciocínio incoerente; sensopercepção com alucinações visuais; redução da capacidade imaginativa; inversão do ciclo sono-vigília; humor patibular; hipobulia e hipo ou hipercinesias (com carfologia).

DEMÊNCIAS

Consciência clara; atenção sem alterações; desorientação alopsíquica/mnéstica; anosognosia; inteligência preservada; *memória de fixação comprometida*; conceitos preservados; juízo debilitado; raciocínio demencial; ausência de alterações da sensopercepção; redução da capacidade imaginativa; ausência de alterações da necessidade; apatia; hipobulia e apraxia ideomotora.

SÍNDROME AMNÉSTICA

Consciência clara; atenção sem alterações; desorientação alopsíquica/mnéstica; anosognosia; inteligência preservada; *memória de fixação comprometida, com paramnésias confabulatórias*; conceitos preservados; juízo debilitado; raciocínio preservado; sem alterações da sensopercepção, das necessidades, da afetividade e da psicomotricidade.

SÍNDROMES DELIRANTE-ALUCINATÓRIAS

Consciência clara; disprosexia (hipertenacidade com hipovigilância ou vice-versa); desorientação autopsíquica/delirante; consciência do eu

Diagnóstico Sindrômico

alterada; inteligência e memória de fixação preservadas; conceitos sem alterações; *juízo delirante*; perda do controle do raciocínio; sensopercepção com *alucinações auditivo-verbais*; capacidade imaginativa preservada; sitiofobia e ausência de alterações da afetividade e da psicomotricidade.

SÍNDROMES HEBEFRÊNICAS

Consciência clara; hipoprosexia; desorientação delirante/dupla ou desorientação alopsíquica/apática; comprometimento de diferentes aspectos da unidade do eu; inteligência reduzida; memória de fixação preservada, com paramnésias fantásticas; perda das relações conceituais, juízo delirante e *raciocínio desagregado*; sensopercepção com alucinações auditivo-verbais; capacidade imaginativa preservada; *afeto extensamente comprometido*, com paratimias e ambitimias; ausência de alterações das necessidades e da psicomotricidade.

SÍNDROMES CATATÔNICAS

Consciência clara; hipoprosexia; orientação, consciência do eu, inteligência, memória, pensamento, imaginação e sensopercepção não avaliadas em decorrência do *mutismo* ou mutacismo; sitiofobia; com *alterações da vontade*, incluindo negativismo ou positivismo; e distúrbios da *motricidade* voluntária ou involuntária.

SÍNDROMES APATO-ABÚLICAS

Consciência clara; hipoprosexia; desorientação alopsíquica/apática; consciência do eu sem alterações; inteligência preservada; memória de evocação comprometida, com reconhecimento preservado; conceitos, juízo e raciocínio sem alterações; sensopercepção preservada; capacidade imaginativa reduzida; *apatia e abulia*.

SÍNDROMES MANÍACAS

Consciência clara; disprosexia (hipervigilância e hipotenacidade); orientação preservada; comprometimento do limite eu-mundo (êxtase); inteligência sem alterações; memória de fixação e evocação preservadas; conceitos sem alterações; juízo comprometido, com ideias deliroides de grandeza; raciocínio tangencial ou com fuga de ideias; hiperestesias

96 Diagnóstico Sindrômico

visuais; aumento da capacidade imaginativa; apetências patológicas; *hipertimia e hiperbulia.*

SÍNDROMES DEPRESSIVAS

Consciência clara; disprosexia (hipertenacidade e hipovigilância); desorientação alopsíquica/apática; consciência do eu sem alterações; inteligência preservada; memória de evocação comprometida, com reconhecimento preservado; conceitos preservados; juízo comprometido, com ideias deliroides de ruína; raciocínio inibido; sensopercepção com hipoestesias visuais e pseudoalucinações auditivas; redução da capacidade imaginativa; inapetências patológicas; *hipotimia e hipobulia.*

SÍNDROMES ANSIOSAS

Consciência clara; disprosexia (hipertenacidade com hipovigilância ou vice-versa); orientação preservada; inteligência sem alterações; memória de fixação e evocação preservadas; conceitos e juízos sem alterações; raciocínio dominado por *preocupações*; hiperestesias auditivas e visuais; capacidade imaginativa preservada; necessidades sem alterações; *ansiedade ou angústia vital*; com inquietação psicomotora.

SÍNDROMES OBSESSIVO-COMPULSIVAS

Consciência clara; disprosexia (hipertenacidade com hipovigilância); orientação preservada; inteligência sem alterações; memória de fixação preservada; hipermnésia de evocação; conceitos sem alterações; juízos suspensos, raciocínio prolixo, com pensamentos mágicos e *obsessões*; sensopercepção e capacidade imaginativa sem alterações; necessidades preservadas; hipotimia e *rituais compulsivos.*

SÍNDROMES DISSOCIATIVO-CONVERSIVAS

Atitude teatral; consciência clara; normoprosexia; orientação preservada; inteligência reduzida; memória de fixação e evocação preservadas; conceitos, juízo e raciocínio sem alterações; sensopercepção com alucinações negativas; com capacidade imaginativa preservada; necessidade sem alterações; *vontade sugestionável*; com tempestade de movimentos.

SÍNDROMES HIPOCONDRÍACAS (P. EX., DE COTARD)

Consciência clara; disprosexia (hipertenacidade com hipovigilância); desorientação autopsíquica/delirante; assomatognosia; inteligência preservada; memória de evocação comprometida, com reconhecimentos preservados; conceitos sem alterações, *juízos delirantes* de conteúdos hipocondríaco e de imortalidade; raciocínio inibido; *alucinações cenestésicas*, com capacidade imaginativa preservada; inapetência patológica; hipotimia e hipobulia.

SÍNDROMES ALIMENTARES (P. EX., BULIMIA OU ANOREXIA NERVOSA)

Consciência clara; disprosexia (hipertenacidade com hipovigilância); orientação preservada; *alterações da imagem corporal* (hiperesquemazia); inteligência sem alterações; memória de fixação e evocação preservadas; juízo distorcido, com ideias supervalorizadas; raciocínio sem alterações; sensopercepção preservada; imaginação sem alteração; necessidades comprometidas, com *apetência patológica* e/ou *aversão* a alimentos; hipotimia; hiperbulia e ausência de alterações da motricidade voluntária ou involuntária.

SÍNDROME HIPERESTÉSICO-EMOCIONAL (P. EX., BURNOUT)

Consciência levemente entorpecida; hipotenacidade e normovigilância; consciência do eu sem alterações; inteligência e memória preservadas; juízo e raciocínio sem alterações; sensopercepção com *hiperestesias*; imaginação sem alterações; afetividade com *labilidade afetiva*; hipobulia (indolência); ausência de alterações da motricidade.

5

Diagnóstico Nosológico

Encaramos com hesitação o desafio de incluir neste manual um capítulo sobre o diagnóstico nosológico psiquiátrico. Em primeiro lugar, porque nosso livro discute aspectos ligados à psicopatologia geral, e não à disciplina classicamente conhecida como psicopatologia especial, onde os aspectos específicos do diagnóstico de cada patologia mental são descritos em detalhes. Em segundo lugar, porque uma abordagem realmente consistente e imparcial do problema da nosologia psiquiátrica deveria incluir uma lista de centenas de diagnósticos atualmente presentes nos manuais DSM ou CID. Em terceiro lugar, porque um capítulo que não abordasse todos estes temas poderia parecer inadequadamente superficial. No entanto, como uma Psiquiatria que se limita ao mero diagnóstico de síndromes ou de variações da normalidade não atende com plenitude às necessidades do clínico (que em sua prática diária deve tomar decisões categoriais, p. ex., tratar ou não tratar entidades mórbidas), nos vemos obrigados a incluir aqui algumas palavras sobre nosologia. De qualquer forma, recomendamos que o leitor consulte outras fontes para discussões detalhadas sobre as entidades nosológicas em Psiquiatria.

Na prática, quando uma etiologia orgânica não é identificada, síndromes são automaticamente alçadas à categoria de "transtornos" mentais e diagnósticos nosológicos são estabelecidos. Por exemplo, embora seja tentador, e até mesmo adequado para alguns, diagnosticar uma síndrome obsessivo-compulsiva em um paciente com o diagnóstico primário de esquizofrenia que gasta 3 horas do seu dia lavando suas mãos, a convenção atual em Psiquiatria "recomenda" que este paciente tenha o diagnóstico de uma *comorbidade* entre TOC e esquizofrenia. Uma exceção a esta regra ocorre quando uma síndrome é mais bem explicada (nos termos da DSM) ou *compreensível* (no sentido jaspersiano) a partir de outra: se o paciente com esquizofrenia men-

100 Diagnóstico Nosológico

cionado acima lava suas mãos devido a um delírio de perseguição, somente o diagnóstico de esquizofrenia deve ser feito. Por outro lado, quando existe uma comorbidade real entre duas ou mais nosologias (p. ex., esquizofrenia e TOC), um dos diagnósticos costuma ser o principal por ter o início anterior aos demais e/ou ser aquele responsável pelo maior grau de sofrimento e/ou comprometimento funcional (no caso em tela, a esquizofrenia).

Cumpre-nos advertir que o diagnóstico nosológico em Psiquiatria corresponde, na maioria das vezes, à noção de "transtorno", mas não de doença mental. Isto porque nos faltam elementos sólidos para a identificação de um agente etiológico específico na maioria das síndromes, condição *sine qua non* para a caracterização de uma doença subjacente. Assim, somente os quadros "orgânico-cerebrais" gozam do *status* de doença em Psiquiatria. De qualquer forma, o diagnóstico nosológico é estabelecido pela identificação da(s) síndrome(s) e de suas características associadas, como pródromo, idade e modo de instalação, precipitantes, duração, padrão de evolução e modo de finalização. São de igual relevância, quando necessários, os exames complementares, que podem incluir avaliações de personalidade, exames de sangue (p. ex., para diagnósticos moleculares) e de liquor (para doenças infecciosas), testes neuropsicológicos (para demências), exames de neuroimagem (para síndromes associadas a sintomas neurológicos focais) e avaliações neurofisiológicas (para síndromes de natureza paroxística).

Todo diagnóstico nosológico psiquiátrico deve ser um equilíbrio de dois princípios conhecidos: a lâmina de Occam (ou lei da parcimônia, concisão e economia) *vs.* o dito de Hickam ("os pacientes podem ter tantas doenças quanto eles bem entenderem"). Em outras palavras, embora identificação de uma única entidade nosológica que justifique múltiplas síndromes psiquiátricas seja sempre um objetivo a ser alcançado, a biologia e a fisiopatologia são fenômenos complexos e dependem de muitas variáveis que não podem ser ignoradas.

Listamos, apenas a carácter ilustrativo, alguns transtornos mentais e as respectivas síndromes que os definem ou que podem lhes acompanhar, sejam como simples síndromes subsidiárias (secundárias) ou como comorbidades (transtornos psiquiátricos) propriamente ditas, independentes dos transtornos psiquiátricos principais (Quadro 5-1).

Diagnóstico Nosológico 101

Quadro 5-1. Alguns transtornos psiquiátricos, as síndromes que lhes definem (em **negrito**) ou que podem apenas lhes acompanhar (apenas em *itálico*), sejam como simples síndromes subsidiárias ou como comorbidades (transtornos psiquiátricos) reais

Esquizofrenia	Transtorno bipolar	Transtorno depressivo	Transtornos de ansiedade	Transtorno obsessivo-compulsivo
Síndrome delirante-alucinatória	**Síndrome maníaca ou hipomaníaca**	**Síndrome depressiva**	**Síndrome ansiosa**	**Síndrome obsessivo-compulsiva**
Síndrome apato-abúlica	*Síndrome depressiva*	*Síndrome ansiosa*	*Síndrome depressiva*	*Síndrome depressiva*
Síndrome hebefreno-catatônica	*Síndrome delirante-alucinatória*	*Síndrome hipocondríaca*	*Dependência de substâncias*	*Síndrome ansiosa*
Síndrome depressiva	*Síndrome ansiosa*	*Dependência de substâncias*	*Síndrome hipocondríaca*	*Síndrome discinética (tiques)*
Síndrome obsessivo-compulsiva	*Síndrome catatônica*	*Síndrome catatônica*		
Dependência de substâncias	*Dependência de substâncias*	*Síndrome obsessivo-compulsiva*		

Nota: Todas as síndromes que podem acompanhar as nosologias psiquiátricas podem também representar nosologias (comorbidades) reais, desde que não sejam mais bem explicadas pelo transtorno mental principal, *i.e.*, o transtorno mental com o início mais precoce ou aquele responsável pelo maior sofrimento ou incapacitação.

Não se deve nunca esperar poder constatar em um momento dado todos os sintomas importantes de uma doença. Portanto, nunca se pode concluir que um paciente não apresenta esquizofrenia simplesmente porque nenhuma alteração esquizofrênica se encontra presente em um dado instante.[5] Em certas circunstâncias, é possível não se encontrar nada de anormal durante um certo período, até que manifeste um quadro psicótico declarado. Um achado negativo sem uma observação mais longa ou sem conhecimento de como a pessoa se conduz na vida não prova nunca a saúde, apenas que no momento não é possível comprovar a existência de uma doença.

6

Comentários Finais

Neste manual, pretendemos ilustrar os principais elementos da semiologia psiquiátrica, partindo da identificação dos sinais e sintomas, passando pela caracterização das síndromes, e chegando até um diagnóstico nosológico. Devemos enfatizar, no entanto, que a passagem do diagnóstico sindrômico até o nosológico demanda, com frequência, uma gama ampla de informações obtidas mediante diferentes exames (sejam eles bioquímicos, moleculares, neuropsicológicos, neurorradiológicos ou neurofisiológicos) que não se encontram no escopo deste manual. Ainda, o examinador deve ter em mente que esta sequência de procedimentos para diagnosticar não se completa na identificação da doença ou transtorno mental subjacente. Por exemplo, os diagnósticos devem ser personalizados ou contextualizados, já que o médico prescreve o tratamento para doentes, e não para doenças.

É necessário ainda ter em mente um prognóstico das nosologias diagnosticadas a partir de uma ponderação dos fatores associados à doença, ao doente e ao meio em que este último se encontra. Por último, o examinador deve proceder a um enfadonho enquadramento (encaixe) da doença ou transtorno mental em um sistema nosográfico existente, um ato meramente burocrático. Ainda bem que não vemos em nossos consultórios e enfermarias as "siglas vazias" do sistema DSM ou CID, mas o mundo infinitamente mais humano de "frustrados Édipos, Orestes, e Electras ou prosaicos Hamlets, Karamazovs e Bentinhos"[8] a quem juramos ajudar. Infelizmente, a avaliação psiquiátrica e todos processos envolvidos têm sido substituídos por uma simples contagem de sinais e sintomas trivializados em manuais diagnósticos, o que pode trazer consequências nefastas para nossos pacientes.

Referências

1. Oyebode F. *Sims' Symptoms in the Mind e-Book: an introduction to descriptive psychopathology.* Elsevier Health Sciences, 2008.
2. de Miranda-Sá Júnior LS. *Compêndio de psicopatologia e semiologia psiquiátrica.* Porto Alegre: Artmed, 2000.
3. Ey H, Bernard P, Brisset C *et al. Tratado de psiquiatría.* Masson, 1978.
4. Franklin da Costa Fontenelle L, Leal JR. Avaliação Psiquiátrica. In: Barbosa IG, Fábregas BC, de Oliveira GNM *et al.* (Eds.). *Psicossomática – Psiquiatria e suas conexões.* Rio de Janeiro: Rubio, 2014. p. 11-28.
5. Bleuler E. *Textbook of psychiatry.* New York: Arno, 1976.
6. David AS. Clinical assessment. In: David AS, Fleminger S, Kopelman MD *et al.* (Eds.). *Lishman's organic psychiatry: a textbook of neuropsychiatry.* West Sussex: Wiley, 2012. p. 103-65.
7. Baruk H. *Précis de psychiatrie: clinique psychophysiologie-therapeutique.* Paris: Masson, 1950.
8. Bastos CL. *Manual do exame psíquico: uma introdução prática à psicopatologia.* 3. ed. Rio de Janeiro: Revinter, 2011.
9. Drury H, Nordsletten AE, Ajmi S *et al.* Accuracy of self and informant reports of symptom severity and insight in Hoarding Disorder. *Journal of Obsessive-Compulsive and Related Disorders* 2015;5:37-42.
10. Bash KW. *Psicopatología general.* Madrid: Morata, 1965.
11. Bandelow B, Baldwin D, Abelli M *et al.* Biological markers for anxiety disorders, OCD and PTSD – a consensus statement. Part I: Neuroimaging and genetics. *World J Biol Psychiatry* 2016;12:1-45.
12. Bandelow B, Baldwin D, Abelli M *et al.* Biological markers for anxiety disorders, OCD and PTSD: A consensus statement. Part II: Neurochemistry, neurophysiology and neurocognition. *World J Biol Psychiatry* 2016;15:1-53.
13. de Mathis MA, Diniz JB, Hounie AG *et al.* Trajectory in obsessive-compulsive disorder comorbidities. *Eur Neuropsychopharmacol* 2013;23(7):594-601.
14. Burns T, Patrick D. Social functioning as an outcome measure in schizophrenia studies. *Acta Psychiatr Scand* 2007;116(6):403-18.
15. Geschwind DH, Flint J. Genetics and genomics of psychiatric disease. *Science* 2015;349(6255):1489-94.

106 Referências

16. Leme Lopes J. *Delírio: possibilidades e tratamento.* Rio de Janeiro: Atheneu, 1982.
17. Akiskal HS, Webb WL. *Psychiatric diagnosis: exploration of biological predictors.* São Paulo: Medical & Scientific Books, 1978.
18. Strauss EB. Some principles underlying prognosis in schizophrenia. *Proc R Soc Med* 1931;24(9):1217-22.
19. Coles EM. *Clinical psychopathology: an introduction.* Routledge & Kegan Paul, 1982.
20. Pailhez G, Bulbena A. Body shape and psychiatric diagnosis revisited. *Int J Psychiatry Clin Pract* 2010;14(4):236-43.
21. Hennessy RJ, Baldwin PA, Browne DJ *et al.* Three-dimensional laser surface imaging and geometric morphometrics resolve frontonasal dysmorphology in schizophrenia. *Biol Psychiatry* 2007;61(10):1187-94.
22. Henriksson KM, Wickstrom K, Maltesson N *et al.* A pilot study of facial, cranial and brain MRI morphometry in men with schizophrenia: part 2. *Psychiatry Res* 2006;147(2-3):187-95.
23. Henriksson KM, Kelly BD, Lane A *et al.* A morphometric magnetic resonance method for measuring cranial, facial and brain characteristics for application to schizophrenia: part 1. *Psychiatry Res* 2006;147(2-3):173-86.
24. Hennessy RJ, Baldwin PA, Browne DJ *et al.* Frontonasal dysmorphology in bipolar disorder by 3D laser surface imaging and geometric morphometrics: comparisons with schizophrenia. *Schizophr Res* 2010;122(1-3):63-71.
25. Gatti U, Verde A. Cesare lombroso: methodological ambiguities and brilliant intuitions. *Int J Law Psychiatry* 2012;35(1):19-26.
26. Compton MT, Walker EF. Physical manifestations of neurodevelopmental disruption: are minor physical anomalies part of the syndrome of schizophrenia? *Schizophr Bull* 2009;35(2):425-36.
27. Xu T, Chan RC, Compton MT. Minor physical anomalies in patients with schizophrenia, unaffected first-degree relatives, and healthy controls: a meta-analysis. *PLoS One* 2011;6(9):e24129.
28. Weinberg SM, Jenkins EA, Marazita ML *et al.* Minor physical anomalies in schizophrenia: a meta-analysis. *Schizophr Res* 2007;89(1-3):72-85.
29. Yudofsky SC, Hales RE. *The American psychiatric publishing textbook of neuropsychiatry and behavioral neurosciences.* 5th ed. American Psychiatric, 2008.
30. Roberts MW, Tylenda CA. Dental aspects of anorexia and bulimia nervosa. *Pediatrician* 1989;16(3-4):178-84.
31. Beck N. *Diagnostic hematology.* Springer, 2008.
32. Shahzad S, Suleman MI, Shahab H *et al.* Cataract occurrence with antipsychotic drugs. *Psychosomatics* 2002;43(5):354-59.
33. Makharia GK, Nandi B, Garg PK *et al.* Wilson's disease with neuropsychiatric manifestations and liver disease but no Kayser-Fleischer ring. *J Clin Gastroenterol* 2002;35(1):101-2.
34. Berkowitz HL. Argyll-Robertson pupil and neurosyphilis. *Psychosomatics* 2002;43(4):340-41; author reply 341.

Referências

35. Haymann H, Stern E. *Diagnóstico diferencial en psiquiatría*. Barcelona: Labor, 1933.
36. Bumke O. *Handbuch der Geisteskrankheiten*. München: Springer, 1939.
37. Daluiski A, Rahbar B, Meals RA. Russell's sign. Subtle hand changes in patients with bulimia nervosa. *Clin Orthop Relat Res* 1997;(343):107-9.
38. Cardasis W, Huth-Bocks A, Silk KR. Tattoos and antisocial personality disorder. *Personality and Mental Health* 2008;2(3):171-82.
39. Inch H, Huws R. Tattooed female psychiatric patients. *Br J Psychiatry* 1993;163:127-28.
40. Bui E, Rodgers R, Cailhol L *et al.* Body piercing and psychopathology: a review of the literature. *Psychother Psychosom* 2010;79(2):125-29.
41. Popplestone JA. A syllabus of the exoskeletal defences. *Psychological Record* 1963;13:15-25.
42. Borokhov A, Bastiaans R, Lerner V. Tattoo designs among drug abusers. *Isr J Psychiatry Relat Sci* 2006;43(1):28-33.
43. Fontenelle LF. Diogenes syndrome in a patient with obsessive-compulsive disorder without hoarding. *Gen Hosp Psychiatry* 2008;30(3):288-90.
44. Arnold VK, Rosenthal TL, Dupont RT *et al.* Redundant clothing: a readily observable marker for schizophrenia in the psychiatric emergency room population. *J Behav Ther Exp Psychiatry* 1993;24(1):45-47.
45. Akiskal HS. Searching for behavioral indicators of bipolar II in patients presenting with major depressive episodes: the "red sign," the "rule of three" and other biographic signs of temperamental extravagance, activation and hypomania. *J Affect Disord* 2005;84(2-3):279-90.
46. Michaux L. *Psychiatrie*. Flammarion, 1965.
47. Strawn K, Ryken T, Black DW. Extreme haircutting and psychosis. *Am J Psychiatry* 1987;144(8):1102-3.
48. Campo J, Nijman H, Merckelback H. Changes in appearance and schizotypy in normal subjects. *Acta Neuropsychiatrica* 2004;16(3):138-41.
49. Campo JA, Nijman H, Merckelbach H. Changes in appearance and psychosis. *Psychiatry* 2001;64(2):165-67.
50. Ellgring H. Nonverbal expression of psychological states in psychiatric patients. *Eur Arch Psychiatry Neurol Sci* 1986;236(1):31-34.
51. Moreaud O. Balint syndrome. *Arch Neurol* 2003;60(9):1329-31.
52. Tiganov AS. Epilepsia. In: Snezhnevski AV. (Ed.). *Manual de psiquiatría*. Moscú: Mir Moscú, 1987.
53. Leonhard K, Beckmann H. *Classification of endogenous psychoses and their differential etiology*. Springer Wien, 1999.
54. Refsum S. Professor GH Monrad-Krohn: 1884-1964. *Arch Neurol* 1965;13:104-5.
55. Stein DJ, Stone MH. *Essential papers on obsessive-compulsive disorder*. NYU, 1997.
56. Greden JF, Genero N, Price HL. Agitation-increased electromyogram activity in the corrugator muscle region: a possible explanation of the "Omega sign"? *Am J Psychiatry* 1985;142(3):348-51.

108 Referências

57. McDaniel WW, Brar B, Srirama M *et al.* Prevalence of Veraguth's eyelid folds during depression in different ethnic groups. *J Nerv Ment Dis* 2004;192(10):705-7.
58. Kraepelin E. *Clinical psychiatry.* New York: Macmillan, 1907.
59. van den Berg JH. *Pequena psiquiatria: para estudantes e para os que colaboram com o psiquiatra. Trad do holandes* 1970.
60. Sagarra JS, Leonhard. *Manual de psiquiatría: páginas de orientación biológico-psiquiátrica para estudiantes, prácticos y especialistas.* Morata, 1953.
61. Morozov G, Romasenko V. *Neuropatologia y psiquiatria.* Moscu: Paz; s/data.
62. Glaser B. Signs not symptoms: Some suggestions for things we should observe during an interview (but often don't). *Australasian Psychiatry* 2000;8(1):42-47.
63. Reichardt M. The symptomatology of delirium tremens. *Neurologisches Centralblatt.* 1905;24(11):n/a.
64. Aschaffenburg G. *Ueber die Symptomatologie des "delirium tremens".* Wien: Gerold, 1890.
65. Kiesow F. Ueber die Delirien der Alkoholiken und uber kunstlich bei ihnen hervorgerufene Visionen.[Review]. *Psychological Review* 1896;3(4):455-56.
66. Stone J, Smyth R, Carson A *et al.* La belle indifference in conversion symptoms and hysteria: systematic review. *Br J Psychiatry* 2006;188:204-9.
67. Grover S. Don't dismiss the little notes that patients bring. *BMJ* 2015;350:h20.
68. Definitions of communication disorders and variations. Ad Hoc Committee on Service Delivery in the Schools. American Speech-Language-Hearing Association. *ASHA Suppl* 1993;35(3 Suppl 10):40-41.
69. Henderson VW. Alalia, aphemia, and aphasia. *Arch Neurol* 1990;47(1):85-88.
70. Oliveira-Souza R, Moll J, Caparelli-Daquer EM. Broca's aphemia: an illustrated account of its clinico-anatomic validity. *Arq Neuropsiquiatr* 2007;65(4B):1220-23.
71. Munson PD, Heilman B. Foreign accent syndrome: anatomic, pathophysiologic and psychosocial considerations. *SDJ Med* 2005;58(5):187-89.
72. Grady B, Loewenthal KM. Features associated with speaking in tongues (glossolalia). *Br J Med Psychol* 1997;70(Pt 2):185-91.
73. Devinsky O, D'Esposito M. *Neurology of cognitive and behavioral disorders.* USA: Oxford, 2003.
74. Varambally S, Venkatasubramanian G, Thirthalli J *et al.* Cerebellar and other neurological soft signs in antipsychotic-naive schizophrenia. *Acta Psychiatr Scand* 2006;114(5):352-56.
75. Matas M. Psychogenic voice disorders: literature review and case report. *Can J Psychiatry* 1991;36(5):363-65.
76. Porto FH, Leite MA, Fontenelle LF *et al.* The Syndrome of Irreversible Lithium-Effectuated Neurotoxicity (SILENT): one-year follow-up of a single case. *J Neurol Sci* 2009;277(1-2):172-73.

Referências

77. Lader MH. Limitations on the use of benzodiazepines in anxiety and insomnia: are they justified? *Eur Neuropsychopharmacol* 1999;9 (Suppl 6):S399-405.

78. Roche JC, Rojas-Garcia R, Scott KM *et al.* A proposed staging system for amyotrophic lateral sclerosis. *Brain* 2012;135(Pt 3):847-52.

79. Spencer MD, Knight RS, Will RG. First hundred cases of variant Creutzfeldt-Jakob disease: retrospective case note review of early psychiatric and neurological features. *BMJ* 2002;324(7352):1479-82.

80. Lorincz MT. Neurologic Wilson's disease. *Ann N Y Acad Sci* 2010;1184:173-87.

81. Shulman LM, David NJ, Weiner WJ. Psychosis as the initial manifestation of adult-onset Niemann-Pick disease type C. *Neurology* 1995;45(9):1739-43.

82. Charles N, Vighetto A, Pialat J *et al.* Dementia and psychiatric disorders in Kufs disease. *Rev Neurol (Paris)* 1990;146(12):752-56.

83. Kozian R, Lesser K, Peter K. Dysarthric disorders associated with the neuroleptic malignant syndrome. *Pharmacopsychiatry* 1996;29(6):220-22.

84. Savvopoulos S, Golaz J, Bouras C *et al.* Huntington chorea. Anatomoclinical and genetic study of 17 cases. *Encephale* 1990;16(4):251-59.

85. Mendez MF. The neuropsychiatric aspects of boxing. *Int J Psychiatry Med* 1995;25(3):249-62.

86. Stein MB, Baird A, Walker JR. Social phobia in adults with stuttering. *Am J Psychiatry* 1996;153(2):278-80.

87. Guthrie S, Grunhaus L. Fluoxetine-induced stuttering. *J Clin Psychiatry* 1990;51(2):85.

88. Christensen RC, Byerly MJ, McElroy RA. A case of sertraline-induced stuttering. *J Clin Psychopharmacol* 1996;16(1):92-93.

89. Bar KJ, Hager F, Sauer H. Olanzapine- and clozapine-induced stuttering. A case series. *Pharmacopsychiatry* 2004;37(3):131-34.

90. Mira y Lopéz E. *Psiquiatria.* Rio de Janeiro: Científica, 1957.

91. Zeman A. Consciousness. *Brain* 2001;124(Pt 7):1263-89.

92. De Melo ALN. *Psiquiatria.* Rio de Janeiro: Guanabara Koogan, 1981.

93. Damasio AR. *The feeling of what happens: body and emotion in the making of consciousness.* New York: Harcourt Brace, 1999.

94. Goas MC. *Temas psiquiátricos: obras completas.* Asociación Gallega de Psiquiatría, 1997.

95. Schneider K. *Clinical psychopathology.* New York: Grune & Stratton, 1959.

96. Gupta N, de Jonghe J, Schieveld J *et al.* Delirium phenomenology: what can we learn from the symptoms of delirium? *J Psychosom Res* 2008;65(3):215-22.

97. Blazer DG, van Nieuwenhuizen AO. Evidence for the diagnostic criteria of delirium: an update. *Curr Opin Psychiatry* 2012;25(3):239-43.

110 Referências

98. Meagher DJ, Maclullich AM, Laurila JV. Defining delirium for the International Classification of Diseases, 11th Revision. *J Psychosom Res* 2008;65(3):207-14.

99. Strub RL, Black FW. *The mental status examination in neurology.* Philadelphia: Davis, 2000.

100. Cuvillier A. *Introduction générale, psychologie.* Paris: Armand Colin, 1948.

101. Cheniaux E. *Manual de psicopatologia.* Rio de Janeiro: Guanabara, 2012.

102. Delgado. *Curso de psiquiatrra: psicopatología y psiquatría especial.* Científico-Médica, 1978.

103. Sierra M, Berrios GE. Depersonalization: neurobiological perspectives. *Biol Psychiatry* 1998;44(9):898-908.

104. Scharfetter C. *Introdução à psicopatologia geral.* Climepsi, 2005.

105. Peer M, Salomon R, Goldberg I *et al.* Brain system for mental orientation in space, time, and person. *Proc Natl Acad Sci USA* 2015;112(35):11072-77.

106. Peer M, Lyon R, Arzy S. Orientation and disorientation: lessons from patients with epilepsy. *Epilepsy Behav* 2014;41:149-57.

107. Cutting J. *Principles of psychopathology: two worlds, two minds, two hemispheres.* Oxford University, 1997.

108. Cartwright R. Sleepwalking violence: a sleep disorder, a legal dilemma, and a psychological challenge. *Am J Psychiatry* 2004;161(7):1149-58.

109. Pressman MR. Disorders of arousal from sleep and violent behavior: the role of physical contact and proximity. *Sleep* 2007;30(8):1039-47.

110. Jaspers K, Hoenig J, Hamilton MW. *General psychopathology.* Johns Hopkins University, 1997.

111. Nelson B, Parnas J, Sass LA. Disturbance of minimal self (ipseity) in schizophrenia: clarification and current status. *Schizophr Bull* 2014;40(3):479-82.

112. Störring GE. Transtornos de la conciencia. In: Reichardt M. (Ed.). *Psiquiatria general y especial.* Madrid: Gredos, 1958. p. 72-82.

113. Denys D. Obsessionality & compulsivity: a phenomenology of obsessive-compulsive disorder. *Philos Ethics Humanit Med* 2011;6:3.

114. Vallejo-Nágera A. *Tratado de psiquiatria.* Barcelona: Salvat, 1944.

115. Alonso-Fernandez F. *Compendio de psiquiatría.* Madrid: Oteo, 1982.

116. Blom JD. When doctors cry wolf: a systematic review of the literature on clinical lycanthropy. *Hist Psychiatry* 2014;25(1):87-102.

117. Abreu JLP. *Introdução à psicopatologia compreensiva.* Fundação Calouste Gulbenkian, 2002.

118. Gottfredson LS. Mainstream science on intelligence: an editorial with 52 signatories, history, and bibliography. *Intelligence* 1997;24(1):13-23.

119. Sadock BJ, Sadock VA, Ruiz P. *Kaplan and Sadock's Synopsis of Psychiatry: Behavioral Sciences/Clinical Psychiatry.* Wolters Kluwer Health, 2014.

120. Fish FJ. *Clinical psychopathology: signs and symptoms in psychiatry.* Bristol: J Wright, 1967.

121. Lindberg BJ. Chapter 1: definition of psycho-infantilism. *Acta Psychiatrica Scandinavica* 1950;25(S61):5-19.

Referências 111

122. Money J. *The Kaspar Hauser Syndrome of "psychosocial Dwarfism": deficient statural, intellectual, and social growth induced by child abuse.* Prometheus Books, 1992.

123. Lewis A. Problems of obsessional Illness: (Section of Psychiatry). *Proc R Soc Med* 1936;29(4):325-36.

124. Dalgalarrondo P. *Psicopatologia e semiologia dos transtornos mentais.* Porto Alegre: Artmed, 2008.

125. Butters N, Delis DC, Lucas JA. Clinical assessment of memory disorders in amnesia and dementia. *Annu Rev Psychol* 1995;46:493-523.

126. Gabrieli JD. Disorders of memory in humans. *Curr Opin Neurol Neurosurg* 1993;6(1):93-97.

127. Budson AE. Understanding memory dysfunction. *Neurologist* 2009;15(2):71-79.

128. Uruchurtu IE, Echevarría RS. *Introducción a la psicopatología.* Grupo Ars XXI de Comunicación, 2004.

129. Lopes JL. *As dimensões do diagnóstico psiquiátrico: contribuição para sua sistematização: tese para o concurso de professor catedrático.* Rio de Janeiro: Agir, 1954.

130. Ally BA, Hussey EP, Donahue MJ. A case of hyperthymesia: rethinking the role of the amygdala in autobiographical memory. *Neurocase* 2013;19(2):166-81.

131. Patihis L. Individual differences and correlates of highly superior autobiographical memory. *Memory* 2016;24(7):961-78.

132. Cummings JL, Mega MS. *Neuropsychiatry and behavioral neuroscience.* USA: Oxford University, 2003.

133. Gabbay DM, Woods J. *British logic in the nineteenth century.* Elsevier Science, 2008.

134. Paim I. *Curso de psicopatologia.* Grijalbo, 1974.

135. Lange J, Bostroem A. *Psiquiatría.* Madrid: Miguel Servet, 1942.

136. Betta JC. *Manual de psiquiatría.* Albatros, 1974.

137. Chalub M. *Temas de psicopatologia.* Zahar, 1977.

138. Schneider K. *Sobre el delirio.* Buenos Ayres: Salerno, 2010.

139. Mishara AL. Klaus conrad (1905-1961): delusional mood, psychosis, and beginning schizophrenia. *Schizophr Bull* 2010;36(1):9-13.

140. Matussek P. Studies in delusional perception. In: Cutting J, Shepherd M. (Eds.). *The Clinical Roots of the Schizophrenia Concept: Translations of Seminal European Contributions on Schizophrenia*: Cambridge University, 1987. p. 89-104.

141. Gruhle HW. Schizophrenia. *Medizinische* 1952;20(50):1585-88.

142. van Os J, Linscott RJ, Myin-Germeys I *et al.* A systematic review and meta-analysis of the psychosis continuum: evidence for a psychosis proneness-persistence-impairment model of psychotic disorder. *Psychol Med* 2009;39(2):179-95.

143. Correia DT, Guerreiro DF, Barbosa A. Semiologia psicopatológica. In: Correia DT, ed. *Manual de psicopatologia.* Lisboa: Lidel, 2014. p. 19-96.

112 Referências

144. Capponi M R. *Psicopatología y semiología psiquiátrica.* Universitaria, 2006.
145. Boroditsky L. How language shapes thought. *Sci Am* 2011;304(2):62-65.
146. Andreasen NC. Thought, language, and communication disorders. I. Clinical assessment, definition of terms, and evaluation of their reliability. *Arch Gen Psychiatry* 1979;36(12):1315-21.
147. Coron AM, Stip E, Dumont C, Lecours AR. Writing impairment in schizophasia: two case studies. *Brain Cogn* 2000;43(1-3):121-24.
148. Covington MA, He C, Brown C *et al.* Schizophrenia and the structure of language: the linguist's view. *Schizophr Res* 2005;77(1):85-98.
149. Oh TM, McCarthy RA, McKenna PJ. Is there a schizophasia? A study applying the single case approach to formal thought disorder in schizophrenia. *Neurocase* 2002;8(3):233-44.
150. Walenski M, Weickert TW, Maloof CJ *et al.* Grammatical processing in schizophrenia: evidence from morphology. *Neuropsychologia* 2010;48(1):262-69.
151. Andreasen NC. Thought, language, and communication disorders. II. Diagnostic significance. *Arch Gen Psychiatry* 1979;36(12):1325-30.
152. Benson DF. The third alexia. *Arch Neurol* 1977;34(6):327-31.
153. Peterson RL, Pennington BF. Developmental dyslexia. *Lancet* 2012;379(9830):1997-2007.
154. Grigorenko EL, Klin A, Volkmar F. Annotation: hyperlexia: disability or superability? *J Child Psychol Psychiatry* 2003;44(8):1079-91.
155. APA. *Diagnostic and Statistical Manual of Mental Disorders.* 4th ed. *DSM-IV-TR®.* American Psychiatric Association, 2000.
156. Adamis D, Reich S, Treloar A *et al.* Dysgraphia in elderly delirious medical inpatients. *Aging Clin Exp Res* 2006;18(4):334-39.
157. Waxman SG, Geschwind N. Hypergraphia in temporal lobe epilepsy. 1974. *Epilepsy Behav* 2005;6(2):282-91.
158. Ling H, Massey LA, Lees AJ *et al.* Hypokinesia without decrement distinguishes progressive supranuclear palsy from Parkinson's disease. *Brain* 2012;135(Pt 4):1141-53.
159. Bajaj NP, Wang L, Gontu V *et al.* Accuracy of subjective and objective handwriting assessment for differentiating Parkinson's disease from tremulous subjects without evidence of dopaminergic deficits (SWEDDs): an FP-CIT-validated study. *J Neurol* 2012;259(11):2335-40.
160. Iwasaki Y, Ikeda K, Shindoh T *et al.* Micrographia in Huntington's disease. *J Neurol Sci* 1999;162(1):106-7.
161. Derkinderen P, Dupont S, Vidal JS *et al.* Micrographia secondary to lenticular lesions. *Mov Disord* 2002;17(4):835-37.
162. Mavrogiorgou P, Mergl R, Tigges P *et al.* Kinematic analysis of handwriting movements in patients with obsessive-compulsive disorder. *J Neurol Neurosurg Psychiatry* 2001;70(5):605-12.
163. Van Gemmert AW, Teulings HL, Stelmach GE. Parkinsonian patients reduce their stroke size with increased processing demands. *Brain Cogn* 2001;47(3):504-12.

Referências

113

164. Beversdorf DQ, Anderson JM, Manning SE *et al.* Brief report: macrographia in high-functioning adults with autism spectrum disorder. *J Autism Dev Disord* 2001;31(1):97-101.

165. Sene Diouf F, Moly JP, de Seze M *et al.* Mixed aphasia with jargonographia in a right-handed patient. *Rev Neurol (Paris)* 2003;159(3):316-18.

166. Rojo Sierra M. *Psicologia y psicopatologia de la percepcion, memoria y fantasia: el bloque informativo de la persona humana.* Barcelona: Eunibar: Universitaria de Barcelona, 1980.

167. Borst G, Kosslyn SM. Visual mental imagery and visual perception: structural equivalence revealed by scanning processes. *Mem Cognit* 2008;36(4):849-62.

168. Aliño JJLI, Alonso TO, Alcocer MILI. *Lecciones de psicología médica.* Barcelona: Masson, 1999.

169. Jastreboff PJ, Jastreboff MM. Decreased sound tolerance: hyperacusis, misophonia, diplacousis, and polyacousis. *Handb Clin Neurol* 2015;129:375-87.

170. Livianos L, Garcia-Blanco AC, Civera M *et al.* Is Hypoesthesia of the Malleolus a Subtle Neurological Sign in Anxiety? *J Neuropsychiatry Clin Neurosci* 2016: appineuropsych 15080202.

171. Livianos L, Gonzalez-Valls PI, Garcia-Blanco AC *et al.* Hypoesthesia of the malleolus as a soft sign in depression. *J Affect Disord* 2015;171:128-31.

172. Olichney JM, Murphy C, Hofstetter CR *et al.* Anosmia is very common in the Lewy body variant of Alzheimer's disease. *J Neurol Neurosurg Psychiatry* 2005;76(10):1342-47.

173. Haerer AF. *DeJong's The Neurologic Examination.* 5th ed. Philadelphia: JB Lippincott, 1992.

174. Lee TC. Van Gogh's vision. Digitalis intoxication? *JAMA* 1981;245(7):727-29.

175. Martinez Garcia M, Gomez Morales FM, Aragon de la Fuente NI *et al.* A case of erythropsia. *Semergen* 2012;38(1):56-59.

176. Giuliano F, Jackson G, Montorsi F *et al.* Safety of sildenafil citrate: review of 67 double-blind placebo-controlled trials and the postmarketing safety database. *Int J Clin Pract* 2010;64(2):240-55.

177. Devinsky O, Farah MJ, Barr WB. Chapter 21. Visual agnosia. *Handb Clin Neurol* 2008;88:417-27.

178. Slevc LR, Shell AR. Auditory agnosia. *Handb Clin Neurol* 2015;129:573-87.

179. Lane RD, Weihs KL, Herring A *et al.* Affective agnosia: expansion of the alexithymia construct and a new opportunity to integrate and extend Freud's legacy. *Neurosci Biobehav Rev* 2015;55:594-611.

180. Jaspers K. *General psychopathology.* Chicago: University of Chicago, 1963.

181. Christodoulou GN. Course and prognosis of the syndrome of doubles. *J Nerv Ment Dis* 1978;166(1):68-72.

182. Ellis HD. Misidentification syndromes. In: Bhugra D, Munro A. (Eds.). *Troublesome disguises: underdiagnosed psychiatric syndromes.* Oxford: Blackwell Science, 1997. p. 7-23.

114 Referências

183. Kemp S, Young AW, Szulecka K *et al.* A case of paraprosopia and its treatment. *Cogn Neuropsychiatry* 2003;8(1):43-56.

184. Delgado MG, Bogousslavsky J. 'Distorteidolias' – fantastic perceptive distortion. A new, pure dorsomedial thalamic syndrome. *Eur Neurol* 2013;70(1-2):6-9.

185. Fontenelle LF. Pareidolias in obsessive-compulsive disorder: neglected symptoms that may respond to serotonin reuptake inhibitors. *Neurocase* 2008;14(5):414-18.

186. Nakaya M. True auditory hallucinations as a conversion symptom. *Psychopathology* 1995;28(4):214-19.

187. Copolov D, Trauer T, Mackinnon A. On the non-significance of internal versus external auditory hallucinations. *Schizophr Res* 2004;69(1):1-6.

188. Berrios GE, Dening TR. Pseudohallucinations: a conceptual history. *Psychological Medicine* 1996;26(4):753-63.

189. Taylor FK. On pseudo-hallucinations. *Psychological Medicine* 1981;11(02):265-71.

190. Sierra M, Berrios GE. Flashbulb memories and other repetitive images: a psychiatric perspective. *Comprehensive Psychiatry* 1999;40(2):115-25.

191. van der Zwaard R, Polak MA. Pseudohallucinations: a pseudoconcept? A review of the validity of the concept, related to associate symptomatology. *Comprehensive Psychiatry* 2001;42(1):42-50.

192. El-Mallakh RS, Walker KL. Hallucinations, psuedohallucinations, and parahallucinations. *Psychiatry* 2010;73(1):34-42.

193. Kleist K. *Diez Comunicaciones: introducción a las localizaciones cerebrais en neuropsiquiatria.* Buenos Aires: Polemos, 1997.

194. Ffytche DH. The hodology of hallucinations. *Cortex* 2008;44(8):1067-83.

195. Kasper BS, Kasper EM, Pauli E *et al.* Phenomenology of hallucinations, illusions, and delusions as part of seizure semiology. *Epilepsy Behav* 2010;18(1-2):13-23.

196. McCarthy-Jones S, Trauer T, Mackinnon A *et al.* A new phenomenological survey of auditory hallucinations: evidence for subtypes and implications for theory and practice. *Schizophr Bull* 2014;40(1):231-35.

197. Pierre JM. Hallucinations in nonpsychotic disorders: toward a differential diagnosis of "hearing voices". *Harv Rev Psychiatry* 2010;18(1):22-35.

198. Azuonye IO. Diagnosis made by hallucinatory voices. *BMJ* 1997;315(7123):1685-86.

199. Kuhn S, Gallinat J. Quantitative meta-analysis on state and trait aspects of auditory verbal hallucinations in schizophrenia. *Schizophr Bull* 2012;38(4):779-86.

200. Plaze M, Paillere-Martinot ML, Penttila J *et al.* Where do auditory hallucinations come from?—a brain morphometry study of schizophrenia patients with inner or outer space hallucinations. *Schizophr Bull* 2011;37(1):212-21.

Referências

201. Looijestijn J, Diederen KM, Goekoop R *et al.* The auditory dorsal stream plays a crucial role in projecting hallucinated voices into external space. *Schizophr Res* 2013;146(1-3):314-19.
202. Benson MT, Rennie IG. Formed hallucination in the hemianopic field. *Postgrad Med J* 1989;65(768):756-57.
203. Carter R, Ffytche DH. On visual hallucinations and cortical networks: a trans-diagnostic review. *J Neurol* 2015;262(7):1780-90.
204. Ffytche DH. Visual hallucinatory syndromes: past, present, and future. *Dialogues Clin Neurosci* 2007;9(2):173-89.
205. Leroy R. Les hallucinations lilliputiennes. *Ann Med Psychol* 1909;10:278-89.
206. Thomas CJ, Fleming G. Lilliputian and Brobdingnagian Hallucinations Occurring Simultaneously in a Senile Patient. *J Mental Science* 1934;80:94-102.
207. Cohen MA, Alfonso CA, Haque MM. Lilliputian hallucinations and medical illness. *Gen Hosp Psychiatry* 1994;16(2):141-43.
208. Goldin S. Lilliputian hallucinations; eight illustrative case histories. *J Ment Sci* 1955;101(424):569-76.
209. Anzellotti F, Onofrj V, Maruotti V *et al.* Autoscopic phenomena: case report and review of literature. *Behav Brain Funct* 2011;7(1):2.
210. Brugger P. Reflective mirrors: perspective-taking in autoscopic phenomena. *Cogn Neuropsychiatry* 2002;7(3):179-94.
211. Velakoulis D. Olfactory hallucinations. In: Brewer WJ, Castle D, Pantelis C *et al.* (Eds.). *Olfaction and the Brain.* New York: Cambridge University, 2006. p. 322-33.
212. Hausser-Hauw C, Bancaud J. Gustatory hallucinations in epileptic seizures. Electrophysiological, clinical and anatomical correlates. *Brain* 1987;110 (Pt 2):339-59.
213. Jenkins G, Rohricht F. From cenesthesias to cenesthopathic schizophrenia: a historical and phenomenological review. *Psychopathology* 2007;40(5):361-68.
214. Bleuler E. Extracampine hallucinationen. *Psychiat Neurolog Wochensch* 1903;25:261-64.
215. Sato Y, Berrios GE. Extracampine hallucinations. *Lancet* 2003;361(9367):1479-80.
216. Ohry A. Extracampine hallucinations. *Lancet* 2003;361(9367):1479.
217. Pereyra C. *Semiología y psicopatología de los procesos de la esfera intelectual.* Salerno, 1973.
218. Chesterman LP, Boast N. Multi-modal hallucinations. *Psychopathology* 1994;27(6):273-80.
219. Ohayon MM, Priest RG, Caulet M *et al.* Hypnagogic and hypnopompic hallucinations: pathological phenomena? *Br J Psychiatry* 1996;169(4):459-67.
220. Waters F, Blom JD, Dang-Vu TT, *et al.* What is the link between hallucinations, dreams, and hypnagogic-hypnopompic experiences? *Schizophr Bull* 2016.

116 Referências

221. Antelmi E, Ferri R, Iranzo A *et al.* From state dissociation to status dissociatus. *Sleep Med Rev* 2016;28:5-17.

222. Liguori R, Vincent A, Clover L, *et al.* Morvan's syndrome: peripheral and central nervous system and cardiac involvement with antibodies to voltage-gated potassium channels. *Brain* 2001;124(Pt 12):2417-26.

223. Elliott B, Joyce E, Shorvon S. Delusions, illusions and hallucinations in epilepsy: 2. Complex phenomena and psychosis. *Epilepsy Res* 2009;85(2-3):172-86.

224. Keefover RT, Ringel R, Roy EP, 3rd. Negative hallucinations: an ictal phenomenon of partial complex seizures. *J Neurol Neurosurg Psychiatry* 1988;51(3):454-55.

225. Estler HC, Deckert J, Riedmann G *et al.* Lilliputian and negative hallucinations in a patient with probable encephalomyelitis disseminata. *Psychopathology* 1995;28(2):65-69.

226. Critchley M. *The parietal lobes.* New York: Hafner, 1953.

227. Dewi Rees W. The hallucinations of widowhood. *Br Med J* 1971;4(5778):37-41.

228. Olson PR, Suddeth JA, Peterson PJ *et al.* Hallucinations of widowhood. *J Am Geriatr Soc* 1985;33(8):543-47.

229. Baethge C. Grief hallucinations: true or pseudo? Serious or not? An inquiry into psychopathological and clinical features of a common phenomenon. *Psychopathology* 2002;35(5):296-302.

230. Fontenelle LF. Topiramate-induced palinopsia. *J Neuropsychiatry Clin Neurosci* 2008;20(2):249-50.

231. de Souza LC, Volle E, Bertoux M *et al.* Poor creativity in frontotemporal dementia: a window into the neural bases of the creative mind. *Neuropsychologia* 2010;48(13):3733-42.

232. Pollak TA, Mulvenna CM, Lythgoe MF. De novo artistic behaviour following brain injury. *Front Neurol Neurosci* 2007;22:75-88.

233. Bigelsen J, Schupak C. Compulsive fantasy: proposed evidence of an under-reported syndrome through a systematic study of 90 self-identified non-normative fantasizers. *Conscious Cogn* 2011;20(4):1634-48.

234. Maslow AH. The instinctoid nature of basic needs. *J Pers* 1954;22(3):326-47.

235. Kenrick DT, Griskevicius V, Neuberg SL *et al.* Renovating the Pyramid of Needs: Contemporary Extensions Built Upon Ancient Foundations. *Perspect Psychol Sci* 2010;5(3):292-314.

236. Lacey EP. Broadening the perspective of pica: literature review. *Public Health Rep* 1990;105(1):29-35.

237. Rose EA, Porcerelli JH, Neale AV. Pica: common but commonly missed. *J Am Board Fam Pract* 2000;13(5):353-58.

238. Campbell RJ. *Campbell's Psychiatric Dictionary.* New York: Oxford University, 2009.

Referências 117

239. Campbell MC. Hyponatremia and central pontine myelinolysis as a result of beer potomania: a case report. *Prim Care Companion J Clin Psychiatry* 2010;12(4).

240. Briken P, Habermann N, Kafka MP *et al.* The paraphilia-related disorders: an investigation of the relevance of the concept in sexual murderers. *J Forensic Sci* 2006;51(3):683-88.

241. Pagel JF. Excessive daytime sleepiness. *Am Fam Physician* 2009;79(5):391-96.

242. Fontenelle L, Mendlowicz MV, Gillin JC *et al.* Neuropsychological sequelae in Kleine-Levin syndrome: case report. *Arq Neuropsiquiatr* 2000;58(2B):531-34.

243. Habib M. Athymhormia and disorders of motivation in Basal Ganglia disease. *J Neuropsychiatry Clin Neurosci* 2004;16(4):509-24.

244. Marks IM. *Fears, phobias, and rituals: the nature of anxiety and panic disorders.* New York: Oxford University, 1987.

245. van Deth R, Vandereycken W. Food refusal and insanity: sitophobia and anorexia nervosa in Victorian asylums. *Int J Eat Disord* 2000;27(4):390-404.

246. Anand MR, Krishnakumar P. Conversion disorder presenting as pseudohydrophobia. *Indian Pediatr* 2004;41(12):1284-85.

247. Nejad AG. Hydrophobia as a rare presentation of Cotard's syndrome: a case report. *Acta Psychiatr Scand* 2002;106(2):156-58; discussion 158.

248. Ruiloba JV. *Introducción a la psicopatología y la psiquiatría.* Barcelona: Masson, 2006.

249. Vallejo-Nágera JA. *Introducción a la psiquiatría.* Madrid: Científico-Médica, 1981.

250. Fontenelle LF, de Oliveira-Souza R, Moll J. The rise of moral emotions in neuropsychiatry. *Dialogues Clinical Neurosci* 2015;17(4):411-20.

251. Ibor JJL. *La angustia vital: (patologia general psicosomatica).* Paz Montalvo, 1969.

252. Schwartz SH, Bilsky W. Toward a universal psychological structure of human values. *Journal of Personality and Social Psychology* 1987;53(3):550-62.

253. Goldar JC. *Cerebro limbico y psiquiatría.* Buenos Ayres: Salerno, 1975.

254. Yaryura-Tobias JA, Neziroglu FA. *Obsessive-compulsive disorder spectrum: pathogenesis, diagnosis, and treatment.* American Psychiatric, 1997.

255. Veale D, Ennis M, Lambrou C. Possible association of body dysmorphic disorder with an occupation or education in art and design. *Am J Psychiatry* 2002;159(10):1788-90.

256. Caroff SN. *Catatonia: from psychopathology to neurobiology.* American Psychiatric, 2004.

257. Lohr JB, Wisniewski AA. *Movement disorders: a neuropsychiatric approach.* Taylor & Francis Group, 1987.

258. Fink M, Taylor MA. *Catatonia: a clinician's guide to diagnosis and treatment.* Cambridge University, 2006.

118 Referências

259. Fontenelle LF, Mendlowicz MV, Versiani M. Volitional disorders: a proposal for DSM-V. *World J Biol Psychiatry* 2009;10(4 Pt 3):1016-29.
260. Gayral L, Salorio DB. *Semiología clínica psiquiátrica.* ELA, 1991.
261. Heilman KM, Watson RT. Intentional motor disorders. In: Levin HS, Eisenberg HM, Benton AL. (Eds.). *Frontal lobe function and dysfunction.* Oxford University, 1991. p. 199-213.
262. Goldar JC. *Anatomia de la mente: Ensayo sobre los fundamentos neurobiológicos de la psiquiatria.* Buenos Aires: Salerno; 1993.
263. de Faria Alvim C. *Vocabulário de têrmos psicológicos e psiquiátricos.* 1971.
264. Kretschmer E, Strauss EB. *Medical psychology.* Oxford University, 1934.
265. Fontenelle LF, Mendlowicz MV. The Wernicke-Kleist-Leonhard "short-circuiting": a missing link between attention deficit hyperactivity disorder, Tourette syndrome, and obsessive-compulsive disorder? *Med Hypotheses* 2008;71(3):418-25.
266. Fahn S, Jankovic J, Hallett M. *Principles and practice of movement disorders E-Book.* Elsevier Health Sciences, 2011.

Índice Remissivo

Números acompanhados por um **q** em **negrito** indicam quadros.

A
Acinetopsia, 66
Acromatopsia, 65
Afasia de Broca, 24, 25
Afetividade, 82
  conceitos de, 82
  definição de, 82
Afeto, 83
Afonia
  espástica, 25
  histérica, 25
  orgânica, 25
  patemática, 25
Agnosias, 66
  visuais, 67
Alalia, 24
Alucinação(ões), 69
  auditivas, 71
  definição de, 69
  de luto, 77
  formação das, 69
  negativas, 77
  olfatórias, 74
  sinestésicas, 75
  táteis, 74
  visuais, 72
Anel
  de Kayser-Fleisher, 14
Aparência
  avaliação da, 11
  valor diagnóstico da, 11
Anomalias faciais
  pequenas, 13
Argyll-Robertson
  pupila de, 14

Asperger
  síndrome de, 21
Atenção, 29
  alterações da, 29
  aumento da, 29
  capacidade de, 29
  definição de, 29
  nível básico de, 30
  redução da, 29
Atitude, 20
Autoscopia, 73
Avaliação psiquiátrica, 1, 2

B
Balint
  síndrome de, 17
Battle
  sinal de, 14
Benzodiazepínicos
  intoxicação por, 24
Biomarcadores
  identificação de, 3
Biótipo
  constituição do, 11
Borderline
  personalidade, 15, 18
Bradilalia, 24
Broca
  afasia de, 24
Bulimia nervosa, 80
Bumke
  sinal de, 15

C
Cabeça
  exame cuidadoso da, 14

119

120   Índice Remissivo

Charles-Bonnet
síndrome de, 14
Comentários finais, 103
Comunicação
não verbal, 17
olhar na, 17
Comunicação
verbal, 23
Consciência, 25
abolição da, 29
alterações, 27
embotamento da, 28
entorpecimento da, 27
obnubilação da, 28
comprometimento da, 28
conceito de, 25
do Eu, 35
atividade do
alterações da, 37
unidade do
alterações da, 37
vitalidade do
alterações da, 37
estreitamento da, 28
estudo da, 26
nível de, 26
reflexiva
alterações da, 36
Coprolalia, 24
Cromatopsia, 65

D
Delírio
somático, 8
transtorno de, 8
Diagnóstico nosológico, 99
em Psiquiatria, 100
estabelecendo o, 100
objetivo do, 100
transtornos psiquiátricos, **101q**
Diagnóstico sindrômico, 93
definição, 93
principais síndromes em Psiquiatria, 93
delirium, 94
demências, 94
síndrome(s)

alimentares, 97
amnéstica, 94
ansiosas, 96
apato-abúlicas, 95
catatônicas, 95
delirante-alucinatória, 94
depressivas, 96
dissociativo-conversivas, 96
hebefrênicas, 95
hiperestésico-emocional, 97
hipocondríacas, 97
maníacas, 95
obsessivo-compulsivas, 96
Dislexia, 64
Doença de Kuf, 24
Doença de Wilson, 14, 24

E
Ecolalia, 24
Emoções, 83
características das, 83
definição de, 83
Escotomas, 66
Esquizofrenia, 1
desorganizada, 3
hebefrênica, 3
Estado mental
exame do, 1, 2, 7
Eu
consciência do, 35
atividade do
alterações de, 37
autoconceito
alterações do, 39
corporal
alterações do, 39
energia do
alterações da, 39
identidade do
alterações da, 38
mundo
limite do
alterações da, 38
pessoal
alterações do, 40
unidade do
alterações da, 37

Índice Remissivo

F

vitalidade do
   alterações da, 37
Fobia social, 17, 24
Funções mentais específicas, seus
   sinais e sintomas, 11
   afetividade, 82
   aparência, 11
   biótipo, 11
   cabeça, 14
   higiene corporal e vestuário, 16
   morfologia craniofacial, 12
   olhos, 14
   pele e fâneros, 15
   pequenas anomalias físicas, 13
   atenção, 29
   alterações da, 29
   comunicação não verbal, 17
   atitude, 20
   mímica, 18
   olhar, 17
   comunicação verbal, 23
   consciência, 25
   alterações de, 27
   consciência do eu, 35
   alterações da, 36
   alterações do autoconceito, 39
   imaginação, 78
   alterações da, 78
   inteligência, 41
   alterações da, 41
     condições que podem
     mimetizar as, 43
   linguagem, 60
   alterações da, 61
   memória, 44
   alterações qualitativas da, 50
   disfunção da, 46
   hipermnésias, 49
   necessidades, 79
   orientação, 32
   alterações da, 33
   pensamento, 50
   conceitos, 51
   juízos, 52

raciocínio, 57
psicomotricidade, 86
sensopercepção, 64
   alterações da, 66
Funções psíquicas, 8

G

Gagueira, 24

H

Hidrofobia, 82
Higiene corporal e vestuário, 16
   na esquizofrenia, 16
Hipermimia emocional paroxística,
   18
Hipofonia, 25
Hipotimia, 85
Hippus
   presença de, 15
Humor, 84
   experiências somáticas, 84

I

Ilusão
   definição de, 67
   pareidólicas, 69
Imaginação, 78
   alterações da, 78
   definição de, 78
   fabulações, 79
   mentiras, 79
   produto da, 78
Inteligência, 41
   alterações da, 41
   definição de, 41
   incapacidade, 42
   medida da, 41
   níveis de
     alterações nos, 42
     condições para, 43
   QI, 41

J

Jargonografia
   isolada, 64

122 Índice Remissivo

K
Karl Jaspers
doutrina de, **4q**
Kayser-Fleisher
anel de, 14
Korsakoff
síndrome de, 79
Kretschmer
achados de, 11
Kuf
doença de, 24

L
Linguagem, 60
alterações da, 61
no âmbito da leitura, 63
definição de, 60
Lítio
intoxicação por, 24

M
Macrografia, 64
Manobra de Valsalva, 15
Marcha hemiparética
exame da, 7
Megafonia, 25
Memória, 44
definição de, 44
processo de, 44
Micrografia, 64
Mímica, 18
alterações qualitativas da, 49
avaliação da, 48
compulsiva, 20
de trabalho, 47
divisão da, 45
episódica
disfunção na, 46
prejuízos da, 47
hipermnésia, 49
incremento da, 18
não declarativa
disfunção da, 48
semântica
disfunção da, 48
transtornos da, 47
Morfologia craniofacial, 12

alterações da, 12
Motricidade
alterações da, 90
Munchausen
síndrome de, 20

N
Necessidades, 79
alterações das, 80
definição, 79
frustração, 80
instinto, 80
Neotimia, 85

O
Olhos
exame dos, 14
Orientação, 32
alterações da, 33
classificação das, 35
desorientação, 33
distinção, 32
dupla, 35
tipos de, 32

P
Palilalia, 24
Parafilias, 81
Parafonia, 25
Paramimia, 19
Patomimia, 19
Pensamento, 50
conceitos, 51
processo de formação dos, 51
transformações dos, 52
constituintes do, 50
juízos, 52
culturalmente determinados, 53
deficientes, 54
delirantes, 54
deliroides, 57
falsos, 52
suspensos, 54
ideias supervalorizadas, 57
prejuízos, 53
raciocínio, 57
alterações do, 58

Índice Remissivo

da forma do, 59
do controle do, 58
superstições, 53
Personalidade
histriônica, 22
Prega de Veraguth, 18
Pródromos, 3
Psicomotricidade, 9, 86
conceito de, 86
movimentos reativos, 87
movimentos reflexos, 87
Psicopatologia, 1
definição de, 1
descritiva, 1
tipos de, 1
Pupila de Argyll-Robertson, 14

Q
Queixa principal, 2
de infestação parasitária, 8

R
Retardo mental, 1
Russel
sinal de, 15

S
Sensopercepção, 64
alterações da, 65
percepções, 66
alucinações, 69
auditivas, 71
visuais, 72
processo de, 64
Sentimentos, 83
anímicos, 84
autovalorativos, 84
definição de, 83
reduzidos, 84
Sinal
de Ashaffenburg, 22
de Bumke, 15
de Chizh, 17
de Liepmann, 22
de Reichardt, 22

de Russel, 15
Síndrome alcoólica fetal, 13
Síndrome apato-abúlica, 7
Síndrome de Asperger, 21
Síndrome de Balint, 17
Síndrome de Charles-Bonnet, 14
Síndrome de Korsakoff, 79
Síndrome de Monrad-Krohn, 18
Síndrome de Munchausen, 20
Síndrome velocardiofacial, 13
Sitiofobia, 81
Súmula psicopatológica, 8
itens da, 8

T
Transtornos
de ajustamento, 1
de personalidade narcisista, 21
do estresse pós-traumático, 17
psiquiátricos
história familiar dos, 5
Tricotilomania, 15

V
Valores, 85
definição de, 85
pacientes bipolares e, 86
sentimentos éticos, 86
Valsalva
manobra de, 15
Veraguth
prega de, 18, *19f*, 19
Verbigeração, 24
Vontade
alterações da, 87
negativismo, 87
positivismo, 87

W
Wilson
doença de, 14, 24

Z
Zeitraffer
fenômeno de, 34